50代のいま、やっておくべきお金のこと

新版

中村芳子

ダイヤモンド社

はじめに

どんな人でも、お金のことは必ず解決できる！

父の口ぐせは、「人生50年」だった。

「人生50年、人生50年、人生50年」、と酔ったときなど、嬉しそうに繰り返していた。

本能寺で割腹した織田信長が彼のヒーローだった。そのころ私は小学生だったから、父は30代後半だっただろう。30代の人間が「50歳まで生きれば人生は十分」と考えていても無理はない。その父は、いま85歳ですこぶる健康だ。１９４５年に爆心地から１・５㎞の長崎市の自宅で原爆を受けたにもかかわらず！　このまま軽く90、１００を超えるのは間違いない。

いま「人生１００年」になった。すごい！

戦争の後に寿命はどんどん伸びて、まだまだ伸び続けている。これは、めでたい。

海外を見ると、シエラレオネ共和国など、長らく政治が不安定で衛生や栄養状態、医療設備が整わない地域の寿命は、50歳そこそこ（世界保健統計２０１６「平均寿命ランキング」）だ。

まずは、すばらしい国に生まれて、おいしい食べ物と、最先端の医療を受けられる我が身の幸運に感謝しよう。本当にありがたい。

で、次にすることは、**50代は人生の半ば**、という意識を持つこと。

はい、**あなたは、いま自分の人生の真ん中あたりにいます**。

寿命が65歳くらいだったころの古い生き方や価値観に影響されずに、人生１００年というタイムラインで、これからの自分の人生を考えていこう。ただし、この本では、多くの人が**現実的に考えやすいように、やや控えめに「人生90年」として書いてみた**。

残念ながら日本の制度は、人生90年にまだ追いついていないから、いろいろ不便がある。たとえば、退職年齢が60歳とか65歳とか。だから、国や制度に頼っていては、よい人生は送れない。自分で自分の人生を設計して、イニシアチブをとる。

その第一歩は長く働くこと。65歳までなんて、笑っちゃうね。

美しい人生の配分というのは、次のような感じではないかと考えている。

- **養育や教育を受ける準備期間　25%**
- **ばりばり働く期間　50%**
- **ややペースを落とし、リラックスして働く期間　15%**
- **国や家族に養ってもらう期間＝老後　10%**

人生65年のときは、16歳まで教育を受け、49歳までばりばり働き、59歳までのんびり働き、60歳から65歳までの6年間が老後。なるほど、たぶんこんな感じだったろう。

人生90年だったらこうなる。

23歳まで教育を受け、67歳までばりばり働き、81歳までのんびり働き、82歳から90歳までの9年間を、老後として優雅に暮らす。うん、美しい。

そのために必要なことを、お金に関連することを中心に本書にまとめた。たとえば、長く働くこと、貯めること、住まいのこと、生命保険のこと、子どものこと、親のこと、投

人生90年と考えたときの美しい人生配分

・養育や教育を受ける準備期間

0～23歳　（人生の25%）

・ばりばり働く期間

24～67歳　（人生の50%）

・ややペースを落とし、リラックスして働く期間

68～81歳　（人生の15%）

・国や家族に養ってもらう期間＝老後

82～90歳　（人生の10%）

資のこと、お金の管理のことなど。**すこぶる実用的**です。

長年（はや25年以上）、お金のアドバイスをする仕事をしているが、私の結論はこれ。

- **お金のことは必ず解決できる（命を取られることはない、死ななくていい）**
- **問題にきちんと向き合うことが、解決の第一歩（逃げていてはだめ）**
- **貯める増やすは大切。働く稼ぐはもっと大切**
- **夫婦で協力するとすごい力になる**

この本を読んで、あなたのこれからの半生を、**お金の不安なく、わくわく楽しく過ごしてほしい。必ずできます**。

それから最後に付け加えますが、お金のプランは専門家（ＦＰ）の力を借りると、やはり百人力。本書を読んで自分なりのプランをつくった後に、さらにパワーアップして確実に実行するため、ぜひ相談にいらしてください。お待ちしています。

お金の不安がない、わくわく楽しい老後を送るために！

1

お金のことを解決しよう

2

問題から逃げない

3

働いて稼ごう 貯めて増やそう

4

夫婦で協力し合おう

50代のいま、やっておくべきお金のこと【新版】・もくじ

第3章
年金など、もらえるお金を計算してみよう

第4章 いざ、貯蓄計画をつくろう

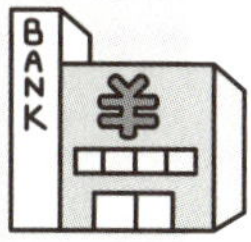

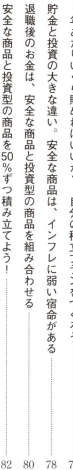

第5章

最高の資金プランは、できるだけ長く働くこと

第6章

退職後の住まいと、住宅ローンのことはこう考えよう

第7章

生命保険をもう一度見直そう

第8章

子どもの教育費と親の介護費はこう考えよう

第9章 それでもお金が足りないときは、支出を減らす。住居費を見直す！

第10章 離婚や再婚をしたときの、お金のことを知っておこう

第11章 退職後の資金づくりのために、投資をしよう

第1章

50代からやっておきたい7つのこと

これを整理して、解決すれば大丈夫！

1

50代からやっておきたい7つのこととは？

これは、退職後にそなえるための本だ。ただし、先にもお話しした通り、あなたが本当に現役を退くのは、25年後とか30年後だということを、まず肝に銘じてほしい。

退職後にそなえるということ、大切な柱はもちろんお金。この本ではお金の考え方、計算の仕方、貯め方、増やし方をていねいに説明している。

だが、お金だけでは足りない。お金がたっぷりあっても、老後の暮らしは立ちいかない。**「楽しい老後」を迎えるには、私が思うに、大きい7つの柱がある**。

貯める、働く、住まい、保険、子ども、投資、健康だ。

できるところから、一本ずつ柱を強く太くしていこう。そうすれば90歳、１００歳になっても安心。どれかを抜かしたり、準備をおこたったりすると、後で暮らしがぐらついて困ったことになる。

この章で、ひとつずつの概要を見た後に、2章以降で詳しく説明します。

50代からやっておきたい7つのこと

2

(1) 貯める「目標額」を見つけて、退職までに計画的に貯めよう！

「老後のために、いったいいくら貯めたらいいか、わからない」

ＦＰ相談に来られる方は、口を揃えてこうおっしゃる。不安でいっぱいだ。

でも、話を聞き、一緒に試算をして「65歳までに貯めるべき金額は〇〇万円ですよ」と答えを出すと、顔色がぱっと晴れる。金額は小さくないが、準備期間が10年、15年、20年あるから、必ず貯める方法がある。現実的な対策を見つけられる。大切なのは、**自分の答えを見つけること。自分のいまの収入や生活費をもとに「自分軸」で考える。**

たとえば、ふつうの会社員なら手取り年収の5・5倍が目安。退職金もふくめて考える。その根拠は2章をご覧あれ。貯金が少ないケースや自営業の例も紹介しているので、あなたも必ず、自分の金額を見つけられる。

「〇歳までに〇万円」という金額が見つかったら、それを貯める計画をつくって、実行するだけ。順番にやれば難しくない。あなたも必ずできます。

＊ 本書では「年収」や「手取り年収」という場合、現役時代の平均手取り年収を指します。

退職までにいくら貯めればいいか、自分軸で考えよう

1. 世の中のデータや金額は気にしない
2. 自分のいまの収入や生活費をもとに考える
3. ◯歳までに◯万円貯める「目標額」を見つける
4. 貯める計画をつくる
5. 計画を実行する

ちゃんと貯めている安心感、
満足感があると、
いまの人生をもっと楽しめるよ

3 (2) 働き方を工夫して、生涯現役を楽しもう！

老後のお金を考えるとき、実は貯めるより大切なのが「働く」。これをよくよく考えよう。60歳で退職するか、65歳まで働くか、あるいは75歳まで働くかで、お金のことは全く変わってくる。「はじめに」では81歳まで、のんびり働くのが理想といったが、まずは75歳。**「75歳まで働く」を目指そう**。だって、いまや日本人の寿命は男が約81歳、女が約87歳（厚生労働省「平成28年簡易生命表」）。90歳になるのは時間の問題だ。**生きている期間が伸びたら、現役で働く期間も伸びて当然！**　こういうと嫌な顔をする人が多いのは、これまでの（40代、50代までの）長時間のハードな労働なんかできない！と思うから。いえいえ、そんなにハードに働かなくていいんです。

65歳以降は、貯金をおろさずに暮らせるくらい、年100万円くらい稼げれば十分。いまは90代、100代の現役がいっぱい。本屋にも90代、100代の著者の本が並んでいる。手に取って読むと元気づけられる。後に続こう！

長く働くといいことだらけ！

1
貯金をおろさずに
暮らせる
2
健康にいい!
3
友だちが増える
4
旅行などの
趣味を楽しめる
5
年齢より若く見られる
6
世の中と
つながっていられる

4

(3) 住宅ローンを65歳までに払い終えよう！

老後の住まいも気になるところ。住まいをきちんと確保できると安心だ。

本書では、退職後の生活費を現役時代の6割としているが、住宅ローンを65歳までに払い終える前提だ。ローンを65歳までに払い終えれば、**繰り上げ返済する必要はない。その分を運用する方がいい。**

退職時にローンゼロなら身軽に動ける。都心のマンションを売って郊外に住み替えられる。手がかかる戸建てを売って、便利なマンションに引っ越すこともできる。リバースモーゲージを使うことができるし、売って、有料老人ホーム入居の資金にすることもできる。

いま賃貸住まいなら、退職後の住まいをどうするか、具体的に考えておこう。さっきいったように、退職後は家賃や住宅ローンがかからないようにしたいから。

貯金があれば現金で家を買ってもいい。親から住まいを（相続や贈与で）譲り受け、改築して終の住まいにしてもいい。どちらも、退職までに十分貯めておくことが大切だ。

65歳以降も住宅ローンが続きそうなときの対策

1 繰り上げ返済をする

2 退職金で残りのローンを一括返済する

退職金

繰り上げ返済も、退職金で一括返済も
できない場合は

↓

- 同居の子どもから家賃や食費を徴取する
- バイト、副業などで収入を増やす
- シェアハウスなど空き部屋を活用して収入を得る

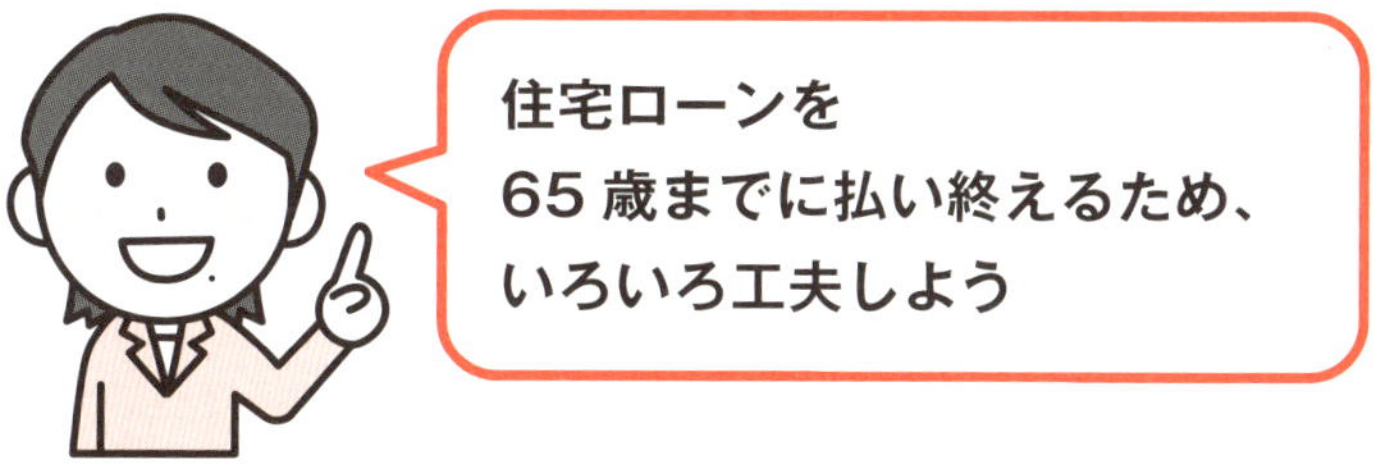
住宅ローンを
65 歳までに払い終えるため、
いろいろ工夫しよう

5

(4)生命保険を見直して、保険料を減らそう!

ムダな支出を削りたい退職後は、ムダな保険を上手にカットしよう。

生命保険は保険料を60歳や70歳まで、あるいは終身(生きている限り)払い込むので、**月2万円のムダが、年24万円、10年で240万円、30年で720万円ものムダになる。**

子どもが社会人になったら、遺された家族のための「死亡保障」はいらない。死んだときに保険金が払われる保険は、解約してしまっていい。

ただし、「自分の葬式費用を確実に残したい!」という人は、その分、100万〜300万円くらいの「終身保険」を残しておくといい。

一方、長生きするようになったので、医療保険やがん保険のニーズは高くなっている。いまの医療保障を見直して、保障が続くかを確認。

終身でないなら、健康なうちに入り直しを考えてもいい。ただし50代以降は保険料が高くなるので、欲張りすぎず最低限を確保してよしとしよう。

ライフスタイルの変化に合わせて保険を見直す

その1
家族のための死亡保障
はいらない

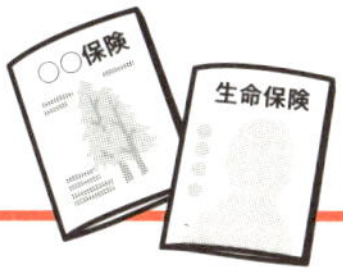

その2
葬儀費用を残したいなら、終身保険で
必要なだけ

その3
医療保険、がん保険に加入していたら
見直しを

その4
医療保険、がん保険に加入していない人は、
最低限の保障を確保

その5
保障は欲張りすぎない

50代は、保険を
見直すベストタイミング

6

(5) 子どもにお金をかけすぎると、自分の老後が危うくなる！

50代は、子どもが大学へ進み、学費にもっともお金がかかる時期だ。

教育費のために貯めたお金、こども保険の満期金が、あっという間に消えていく。公立の予定だったのが私立の学校に進学したり、留年したり留学したり、大学院まで進んだり、と予想以上にお金がかかって、貯めた分で足りなくなることもある。子どもがうまく就職できず、ニートや引きこもりになることもある。

子どもはかわいいが、ここでお金をかけすぎると、自分の老後資金が足りなくなり、逆に将来、子どもに迷惑をかけることになる。共倒れになるかもしれない。

教育資金が足りないとき、親が教育ローンを借りるのではなく、本人に奨学金を利用させよう。大学生には小遣いは自分で稼がせる。正社員になれないときは、契約社員やアルバイトで働いてもらう。引きこもりは専門家の助けを借りる。

大学院や私立の医学部に進む子どもには、学費を貸付け、就職したら返してもらおう。

子どもにお金をかけすぎると親子共倒れの危険

1 子どもより自分が大事

2 子どもにお金をかけすぎない

3 教育ローンは借りず、
子どもに奨学金を利用させる

4 大学生になったら小遣いはやらない

5 大学卒業後も実家住まいなら家賃を徴収する

7

(6) 退職後の資金づくりのために、投資をしよう！

「預金から投資へ」といわれて早30年ほどたつが、50代でまだ投資をしていない人たちがいる。危険だ。

ふたつの危険がある。

ひとつめは、**預金が目減りすること**。インフレや円安などで、現金の価値はどんどん目減りする。年３％のインフレで、現金の価値は年３％、10年で26％、20年で46％、30年で60％、40年で70％減ってしまう。いま１０００万円を貯金しても、90代には３００万円の価値しかないことに！　お金とは死ぬまでの長〜い付き合い。みすみす目減りさせないためには、投資がかかせない。儲けるための投機ではなく、減らさないための分散投資だ。

ふたつめの危険は、**もっとおそろしい。投資詐欺**。

仕事柄、投資詐欺にあった人たちの話を聞く機会が何度かあった。被害者に共通していたのは、投資経験がないこと。「絶対安全」「元本保証」「年利10％」「あなただけへの限定

50代で投資経験がない人のふたつの危険

理由1 預金はインフレ・円安で目減りする!

理由2 投資詐欺であり金を巻き上げられる!

情報」というあまい勧誘の言葉に、投資経験がある人はだまされない。**投資経験がないとだまされる。**

だから、実は投資で損をしたり失敗する経験は、自分を守るためにとても大切なことなのだ。

8

(7) 自分の体と心、人間関係に投資をしよう！

若々しい人と年寄りくさい人に、くっきりわかれるのが50代だ。あなたはどちら？

長く働き続けるためには、見た目も中身も、健康で若々しくいることが大切。病気になると治療費もかかるし、思うように働けず、収入が減ったり途絶えがちになる。

だから、**健康であり続けるためのお金、時間、エネルギーの投資はかかせない**。

具体的には、左のページの項目をなるべく全部クリアすることだ。

投資をしたいのは人間関係。パートナー、子どもとの関係は大丈夫？　家族がいない人は（いても）、家族以上に頼れる**家族以外の人間関係**をしっかりとつくっておこう。

退職までにたっぷりお金を貯めても、熟年離婚、わが子と断絶、友だちゼロになってしまえば、虚しい老後になってしまう。人間関係にもお金、時間、エネルギーを使うべし。

50代は、あと50年生きても不思議じゃないが、いつ死んでもおかしくない。

明日死んでも、美しく旅立てるように、身辺整理、遺言書の作成もしておこう。

自分の健康度をチェックしよう！

● ☑が多いほど、若々しい50代だ

- □ 毎年健康診断を受けている
- □ 酒は飲みすぎていない（週に2回は休肝日）
- □ 太りすぎていない（BMI25以下。内臓脂肪も合格ライン）
- □ 週5日以上の軽い運動、週1日以上、1時間以上の運動をしている
- □ 何かあってもくよくよしないようにしている
- □ 睡眠は十分とっている（平均7時間以上）
- □ パートナーとの関係は良好だ
- □ 仕事のストレスは溜まっていない
- □ 週に1回は、趣味や楽しいことに費やしている
- □ 年に数回は、長期の休暇をとっている
- □ 何か新しいことを勉強している

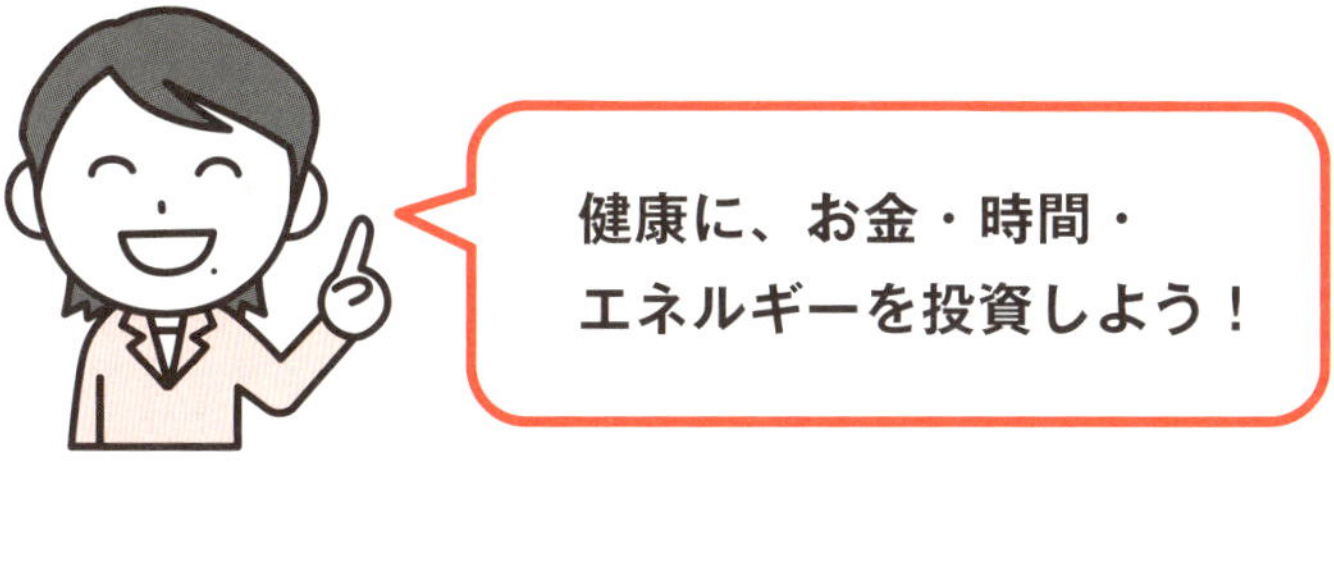

コラム

目指せシンプル！　ものを減らすとお金が増える！

50代から目指したいライフスタイルを、ひとことで表すと「シンプル」だと思う。

不要なものを整理して、捨てる。自分がときめくものだけを身近に置く。ひとつ買ったら、ふたつ捨てる。

持ち物が多いと、それを収納するためのスペースが必要なだけでなく、管理するための時間や、お金、エネルギーがかかる。その上、ストレスが増して幸福度が減る、という研究結果がある。いいことない。

家の中を整理していらないものを捨てる。クローゼットを整理して着ない服を捨てる。写真を整理してベストショット以外は削除する。銀行口座、証券口座、保険、クレジットカード、ポイントカードもできるだけ少なくする。

安物や流行り物を次々と買って消費し続けるのは、若者に任せよう。

自分が本当に好きなもの、フェアトレード（発展途上国の商品を適正な価格で購入することを目指す）商品、リステイナブル（環境破壊しないもの）な製品を買って、大切に使うのが大人のライフスタイルだと思うがどうだろう。

第2章

退職までにいくら貯めたらいいか

——年収の4〜9倍まで。自分の年収をもとに考えよう

1 調査データや平均の生活費は無視！自分のためのプランをつくろう

退職後の生活費はいくらかかるか。退職までにいくら貯めたらいいか。メディアはいろんなことをいうけど、実は、世の中の平均とかデータはあなたにとって意味がない。たとえば、いろんなところで、よく使われるこの数字。

「老後の最低日常生活費は月22万円」「ゆとりある生活費は月34・9万円」

生命保険文化センターの2016年の調査結果だけど、どんな調査かというと、18歳から69歳の男女に「老後の最低日常生活費はいくらだと思いますか？」「ゆとりある生活費はいくらだと思いますか？」と聞いて、それを集計したもの。信頼性あると思う？

都心に暮らす人と、地方の郊外に暮らす人では、かかる生活費が違う。

年収1000万円の人と、年収500万円の人では、もらう年金額が違う。

大切なのは、自分のいまの収入や生活費をもとに、退職後の暮らしと生活費を考えること。それをもとに、「いくら貯めるか」を考えること。次のページから考えてみよう。

世の中の平均やデータは、あなたにとって意味がない

老後の最低日常生活費

月額平均 **22** 万円

夫婦ふたりの場合

ゆとりある生活費

月額平均 **34.9** 万円

ゆとりのための使途は
「旅行やレジャー」がもっとも多い

＊ 生命保険文化センターの2016年調査結果より。

これは18歳から69歳の男女4056人に
アンケートをした結果だけど……

住んでいる場所や、
年収によっても
生活費は変わってくるよね

2 退職後の生活費は、現役時代の年収の60%と考えよう!

退職後の生活費はいくらかかるか。自分の手取り収入を基準にシンプルに考えてみよう。**「退職後の生活費＝現役時代の平均手取り年収の60%」と考えようと勧めている。**

計算の仕方はとてもシンプル。**「現役時代の手取り年収」から「退職後にかからなくなるお金」を引いたのが「退職後の生活費」**だ。これまで通りに生活するときの、交際費や余暇費などもふくまれる。

退職後にかからなくなるお金とその割合（年収に対しての目安）は左ページの通り。平均的な納得できる数字で見てみると、退職後の生活費は、600万円－300万円＝300万円ということになる。（いまの）年収の約50%。セミナーやコンサルティングでこれを計算して見せると、多くの人が「あれ、意外に少ない」という顔をされる。

50歳前後は人生でいちばん収入が高いときなので、現役時代の平均をこの85%程度と考えると、退職後の生活費はその60%程度となる。この表で自分のケースを計算してみよう。

退職後にかからなくなるお金を計算しよう

・退職後の生活費の計算式

いまの手取り年収 [　　　　] − 退職後にかからなくなるお金 [　　　　]

＝ 退職後の生活費 [　　　　]

年収600万円の平均的な例

支出金額が減る項目	年収に対する割合	金額（年）
住宅ローン（65歳までに払い終える）	20％	120万円
貯金（退職後は貯金しない）	15％	90万円
子ども費（65歳までに子は独立）	10％	60万円
生命保険料（65歳までに払い終える）	5％	30万円
合計	50％	300万円

あなたの年収《手取り》 [　　] 万円

自分のケースで計算してみよう

支出金額が減る項目	年収に対する割合	金額（年）
住宅ローン		
貯金		
子ども費		
生命保険料		
合計	％	万円

年収600万円なら退職後の
生活費は300万円になるね

3 国からもらえる年金は、現役時代の年収の40％だ！

退職までにいくら貯めればいいかは、年金がいくらもらえるかにかかっている。いくらもらえるかは、**ねんきん定期便の見込み額を見れば、目安がわかる**（60ページ参照）。

いまの制度では、65歳から年金がもらえ、金額は年収＊1の40％程度＊2だ。

会社員＋専業主婦カップルの年収が５００万円だった場合、年金額は２５０万円。

会社員カップルの年収の合計が７００万円だった場合、年金額はふたりで２８０万円。

独身会社員の年収が４００万円だった場合、年金額は１６０万円。

シンプルにするため、以降は40％で考えていく。老後の生活費が現役時代の年収の60％、もらえる年金が65歳から40％。足りない生活費は1年あたり、年収の20％になる。

＊1 本書では「年収」や「手取り年収」という場合、現役時代の平均手取り年収を指します。
＊2 会社員＋専業主婦カップルの場合は少し有利で、50％が目安。

もらえる年金がわかれば、足りない生活費がわかる！

●会社員の場合

退職後に必要な生活費	年収の	60％
国からもらえる年金	−）年収の	40％
1年あたりの 足りない生活費は	年収の	20％

＊ 会社員カップルとシングルの場合。

年金が少ない**自営業者**はどうだろう。こちらは年金額が年収に比例しないため、金額で考えてみた。**夫婦で40年保険料を収めると、年金額は合計156万円**（2017年度）。現役時代の合計年収が600万円、退職後の生活費が360万円だと足りない生活費は204万円だ。

4

生活費以外に必要なお金は、予備費やゆとり費などを見込む

退職後、暮らしていくのに、生活費以外のお金も準備しておきたい。

まず、**「予備費」**。**生活費ではまかなえない、予定外の支出にそなえる**。たとえば、地震で家が壊れて、保険では修理できない費用や、高額な歯の治療など。

これらの出費は、病気にそなえる医療保険、火災保険、旅行保険などを上手に使えば、最低限に抑えられるはず。現役時代の年収の50％を目安に見積もろう。不安な人はもう少し増やしてもいい。それから**「ゆとり費」**。余暇費といってもいい。なくても生きていけるが、**優雅な老後をイメージするなら、年収の1～3倍くらいで見ておくといい**。

「ほか」は、死後整理費用など。夫婦ふたりで年収の25％を見込んだ。終身保険で葬式費用を準備できている人はゼロでけっこう。もっと少なくていい人は、50万円でも100万円でもその金額で考えて。

ね、順番に考えていくと、自分に必要なお金がだんだん見えてくる。

生活費以外に必要なお金を計算しよう

年収600万円の場合

項目	目的	年収に対する割合	希望額（年）
予備費	予定外の支出にそなえる	50～100%	300万～600万円
ゆとり費	旅行など	0～300%	0～1800万円
死後整理費	葬式費用など	25～100%	150万～600万円
合計		**75～500%**	**450万～3000万円**

自分のケースで
計算してみよう

各項目の割合は
お好みで。
旅行が趣味なら
多めに見積もろう

あなたの年収 [　　　] 万円

項目	目的	年収に対する割合	希望額（年）
予備費			
ゆとり費			
死後整理費			
合計		%	万円

5 退職までに貯める目標額。標準・ゆとり・サバイバル・自営業

ここまでで、退職後にいくら必要かのイメージはつかめただろうか。1章で年収の5・5倍と説明したが、いまの貯金額や退職金に応じて4つのコースを用意した。

●標準コース　貯金目標は年収の5・5倍

50歳までに年収の2倍の貯金があり、年収の2倍の退職金がもらえるカップル。

●ゆとりコース　貯金目標は年収の9倍

50歳までに年収の3倍の貯金と年収の3倍の退職金がもらえる。資産もある。

●サバイバルコース　貯金目標は年収の3倍以上

50歳で貯金が年収以下で、退職金もない。

●自営業コース　貯金目標は3600万円(年収の6倍)以上

公的年金は国民年金だけで、退職金もない。

さて、あなたはどのコースを目指しますか?

65歳までに貯めたい貯金目標額の目安

標準コース

1. 50歳までに年収の2倍の貯金がある
2. 年収の2倍くらいの退職金がもらえる
3. 50歳から65歳までに年収の1.5倍を貯められる

貯金目標
年収の
5.5倍

ゆとりコース

1. 50歳までに年収の3倍の貯金がある
2. 年収の3倍くらいの退職金がもらえる
3. 50歳から65歳までに年収の3倍を貯められる

貯金目標
年収の
9倍

サバイバルコース

1. 50歳までに貯金が年収以下しかない
2. 退職金はない
3. 50歳から65歳までにできるだけ貯めたい

貯金目標
年収の
3倍
以上

自営業者コース

1. 公的年金は、国民年金だけ。厚生年金はないか、あってもごくわずか
2. 退職金はない
3. 見通しは不明だが、長く働き、できるだけ貯めたい

貯金目標
3600
万円以上

6 標準コースは、50歳で年収2年分の貯金があり、退職金もある人

特別に優雅でもなく、それほど厳しくもなく、ふつうの暮らしをしてきた会社員カップルが、十分な楽しみのある老後をおくるとき。

65歳までに、年収の5・5倍を貯めるのが、目安。

次の条件を満たしていたら、ほぼ大丈夫。

（1）50歳までに（教育費はのぞいて）年収の2倍の貯金がある

（2）年収の2倍くらいの退職金をもらえる

（3）50歳から65歳までに、年収の1・5倍を貯められる

たとえば、50歳のときの世帯年収が700万円（現役時代の平均手取り年収600万円）のカップルなら、こんなプランになる。

（1）50歳で　計1200万円の貯金がある

（2）計1200万円くらいの退職金がもらえる

標準コースの人は年収の5.5倍貯めよう

年収600万円の場合

項目	老後にかかる金額	
生活費＊	1800 万円	年収の3倍
予備費	900 万円	年収の1.5倍
ゆとり費	300 万円	年収の1/2
死後整理費	300 万円	年収の1/2
合計	**3300 万円**	年収の **5.5倍**

＊ 20%×15年（75〜90歳）で試算。

標準コースの貯金目標額は、3300万円だ

（3）50歳から65歳で９００万円貯められる（年60万円×15年、または年75万円×12年）

合計３３００万円。貯金は少ないけど退職金をたくさんもらえるとか、退職金は少なめだけどいまの貯金が多い、という人もいるだろう。**要は、どんな形であれ、65歳までに年収の5・5倍を貯めればよい**。

そうすれば、74歳までは、年金＋アルバイト代で生活できる程度に楽しく働き、75歳からは、年１２０万円（年収の20％）を貯金から使って生活する。

運用すればさらにゆとりが生まれる。

もっと年収が多い、少ない場合も、自分の年収を基準に倍率と割合で考えれば、自分の金額が出せる。計算してみよう。

7 ゆとりコースは、貯金も退職金もたっぷりある人！

人にうらやまれる「ゆとりコース」。

50歳ですでにたっぷり貯金があり、大企業勤めで退職金もたくさん、という人には、貯めるアドバイスは不要だろう。これだけあれば十分、というラインをざっと示しておこう。65歳までに、年収の9倍の貯金がつくれれば、そこで完全リタイアしても悠々自適だ。

たとえば、こんな人。

（1）50歳までに（教育費はのぞいて）年収の3倍の貯金がある

（2）年収の3倍くらいの退職金をもらえる

（3）50歳から65歳までに、年収の3倍を貯められる

たとえば、50歳のときの世帯年収が1300万円（現役時代の平均手取り年収1000万円）のカップルなら、こんなプランになる。

（1）50歳で　計3000万円の貯金がある

ゆとりコースの人は年収の9倍貯めよう

年収1000万円の場合

項目	老後にかかる金額	
生活費＊	5000 万円	年収の5倍
予備費	3000 万円	年収の3倍
ゆとり費	500 万円	年収の1/2
死後整理費	500 万円	年収の1/2
合計	**9000 万円**	年収の **9倍**

＊ 20%×25年（65〜90歳）で試算。

ゆとりコースの貯金目標額は、9000万円だ

（２）計３０００万円の退職金がもらえる
（３）50歳から65歳で３０００万円貯められる（年３００万円×10年、または年２００万円×15年）

合計９０００万円。これは、金融資産でなくても一部、投資用不動産などでもいい。65歳で年収9倍の貯金があれば、それ以降の収入がなくても大丈夫。65歳から90歳までの生活費分はたっぷりある。予備費も、年収3年分（このケースだと３０００万円）ある。毎年２００万円使って15年分。

このコースの人たちは、自宅の価値も高いだろうし、親も金持ちかもしれない。お金が足りるかよりも、相続や相続税のことを、しっかり考えておく必要があるだろう。

8 サバイバルコースは、貯金が年収以下で退職金ゼロの人

人生はいろんなことがある。50歳で貯金がほとんどない人もいるだろう。退職金ゼロという人もめずらしくない。でも退職まであと10年以上あるし、その後も働ける。働けるなら大丈夫。できるだけ貯めて、それなりの老後を目指そう。たとえば、こんな人。

（1）50歳で、貯金が年収以下しかない

（2）退職金はない

（3）50歳から65歳までに、できるだけ貯めたい

たとえば、50歳の世帯年収が400万円（現役時代の平均手取り年収が340万円）のカップルなら、こんなプランになる。退職後の生活費や予備費もできるだけ圧縮する。

（1）50歳時の貯金が、計340万円

（2）退職金はゼロ

（3）50歳から65歳で680万円貯める（年68万円×10年、または年45万円×15年）

サバイバルコースの人は年収の3倍貯めよう

年収 340 万円の場合

項目	老後にかかる金額	
生活費*	816 万円	年収の約 2.5 倍
予備費	119 万円	年収の約 1/3
死後整理費	85 万円	年収の約 1/4
ゆとり費	0 円	ゼロ!
合計	**1020 万円**	年収の 3 倍

＊ 16%×15 年（75～90 歳）で試算。

全部の合計で１０２０万円！　頑張れば１０００万円貯められるのだ！

この年収のカップルなら、年１７０万円くらいの年金がもらえるから、これに年54万円ほどを貯金から出すと、使えるお金は１年で２２４万円。住宅ローンが終わっていて（あるいは住居費がかからず）子どもが独立していれば、十分暮らせる。

１０２０万円の貯金の使い道は、生活費のために約８１０万円（75歳から90歳まで15年、54万円×15年）、予備費が約１２０万円、葬式代としてふたりで85万円。これなら、子どもに迷惑をかけることもない。多くないからこそ貯金も運用したい。生活費にゆとりが生まれるから、ぜひ。

9 自営業コースは、国民年金だけで退職金ゼロの人！

自営業といってもピンキリだ。

成功した起業家は、資産家の番付に名前を連ねるし、やっとのことで生活している貧乏芸術家もいる。成功者にはマネーアドバイスは不要なので（優秀な投資と税金のアドバイザーがついているはず）、**ここでは貧乏自営業に焦点をあてる。**

自営業の大前提は、国民年金の保険料を全期間の40年払い、ひとりあたり年78万円の老齢基礎年金を受け取ること。これは、とっても大切。未納期間などがある人は、後払いでその空白期間を埋めよう。65歳から生きている限り受け取れる国民年金は、長生きするほど得になる。夫婦ふたりなら年156万円。月13万円。住まいにお金がかからなければ、食費や光熱費など最低限の支出はまかなえる。**老齢基礎年金は、絶対に満額もらおう。**65歳から90歳までの25年で約3900万円になるよ。

自営業コースの人は3600万円以上貯めよう

年収 600 万円の場合

項目	老後にかかる金額	
生活費＊1	3060 万円	年収の約 5 倍
ゆとり費	450 万円	年収の 3/4
予備費	210 万円	年収の 1/3
死後整理費	210 万円	年収の 1/3
合計	**3930 万円**	年収の **6〜7倍**

＊1 204 万円 ×15 年（75〜90 歳）で試算。
＊2 年収 600 万円の場合で、生活費と死後整理費は全額、ゆとり費と予備費は半額見積もった例。

自営業コースの貯金目標額は、3600 万円以上＊2だ

これに、貯金でいくらプラスできるかが勝負。すでに小規模企業共済や個人型確定拠出年金などでそなえていれば、心強い。

現役時代の手取り収入を、ふたりで６００万円とする。老後の生活費は３６０万円。うち１５６万円は年金でまかなえるので、あと年２０４万円ほしい。65歳まで貯金、その後74歳までは貯金を崩さないだけの収入（ふたりで年２０４万円以上）を確保する。

75歳から90歳までの15年間に必要な生活費は、２０４万円×15年で３０６０万円。年収の約５倍。生活費として月30万円使えるから、住居費がかからなければ、けっこうゆとりある生活のはず。

これに、予備費、死後整理費用、ゆとり費を合計で５００万〜１０００万円プラスできたら理想だ。トータルで年収の６〜７倍。金額にすると、３６００万円以上だ。

自営の50歳。これから成功して収入が増えるかもしれないし、ジリ貧で減っていく不安があるかもしれない。増えても減っても、収入の一定割合（15〜20％）を貯め続け、投資し続けることが大切。

自営業ならではの老後資金積立（小規模企業共済、個人型確定拠出年金、国民年金基金）もあるので、上手に活用したい。

自営業者を
応援する制度は、
たくさんあるから
上手に活用しよう！

コラム

自営業者の老後を応援する制度を活用しよう

退職金がなく、公的年金の額が会社員より少ない自営業者向けには、いくつかの老後応援制度がある。どれも「掛け金が所得控除になる」メリットがある。簡単に紹介しよう。

本来なら30代や40代から利用しておきたい制度だが、50代からでもメリットは十分ある。

●「小規模企業共済」

自営業者や小さい会社（従業員20人以下）の経営者が、退職金をつくる積立制度。

掛け金（積立額）は、月額1000～7万円までで、全額所得控除になる。途中での増減もできる。共済金（積み立てたお金）は退職金のように一括でも、年金形式で分割でも好きな形で受け取れる。申し込みは「中小機構」（独立行政法人 中小企業基盤整備機構）、または最寄りの銀行、信用金庫などへ。

●「個人型確定拠出年金」（通称ｉＤｅＣｏ《イデコ》）

「わたし年金」とも呼びたい「ｉＤｅＣｏ」は、会社員や主婦も加入できるけど、そもそもは自営業者を応援するもの。自営業者は最高額の月額6万8000円まで（ただし、国民年金基金にも加入する人はふたつの合計でこの額まで）加入できる。掛け金は全額所得控除。運用中（受け取り始めるまで）の利益にも税金はかからない。投資信託で積極的に運用したい。

詳しくは、184ページを。

●「国民年金基金」

自営業者が自分の年金をつくる制度。掛け金の上限は、「iDeCo」との合計で月額6万8000円まで。

iDeCoが、運用次第で受け取る年金額が増えたり減ったりして、加入時には年金額がわからないのに対して、国民年金基金は、掛け金に対してもらえる年金額が決まっている。年金の受け取り期間が15年などと決まっている「定期型」のほか、生きている限り受け取れる「終身型」があるのが魅力。

個人的には、高い利回りを実現できる可能性の高い「iDeCo」の方がお勧めだが、掛け金の一部をこちらにして、終身年金を確保するのもいい。国民年金基金連合会のウェブサイトから、あるいは電話で資料請求をして、郵送で申し込む。ほのぼの、前時代的ですね。

第3章

年金など、もらえるお金を計算してみよう

――具体的な数字がわかれば、対策や答えが見つかる

1

ねんきん定期便を見れば、もらえる年金の見込み額がわかる！

自分は何歳からいくらぐらいの年金がもらえるか知ってますか？　知らない人ほど老後の不安が大きい。年金額がわからないと貯金のプランがたてられない。

２００９年にスタートした「ねんきん定期便」のおかげで、自分の年金額を知ることが簡単になった。老後資金プランには大いにプラスだ。

50歳未満の人に届くのは、それまでの加入実績（加入期間や払った保険料）から、「**すでに確定してもらえる額**」が記載されたもの。それ以降の加入状況によって、年金額がプラスされるので、年金額を予測するのは、まだ難しい。

50歳からは、いまの収入が60歳まで続いた場合の「**もらえる年金の見込み額**」が記載される。これは役に立つ。これがわかると、退職後のプランを現実的にたてることができる。ただし、実際に支給される額とは違うことに注意。今後収入が減れば年金額は見込み額より減り、収入が増えれば年金額も増える。また、一定の条件を満たしたときプラスアルファの「加算」が上乗せされることもある。

ねんきん定期便は50歳からは毎年誕生月（1日生まれの人は、前月）に届く。しっかり見ておこう。

次ページに、定期便のかんたんな読み方を説明した。自分の年金がよくわからないという人は臆せず、はずかしがらず、記載の電話番号に電話して尋ねてみよう。

学校卒業後、同じ会社にずっと勤めている人は、記入もれの心配は少ないが、転職、退職、再就職などがある人は、加入記録が抜けているリスクがある。確認して、もれがあったらすぐに連絡するべし。そのままだと年金額が少なくなる。

定期便は個人の年金額を知らせるもの。**夫婦なら互いの年金額、合計の額を知ることも大切だ。**

「ねんきん定期便」
には
あなたの年金の
受取見込み額が
書いてある！

❶ 受給資格期間の合計が 120 月以上か？

「国民年金」「厚生年金」「船員保険」の加入月数を合算した月数が 120 月以上の場合に、受取資格が得られる。この例では 348 月となる。

受給資格期間 (a+b+c+d)
348 月

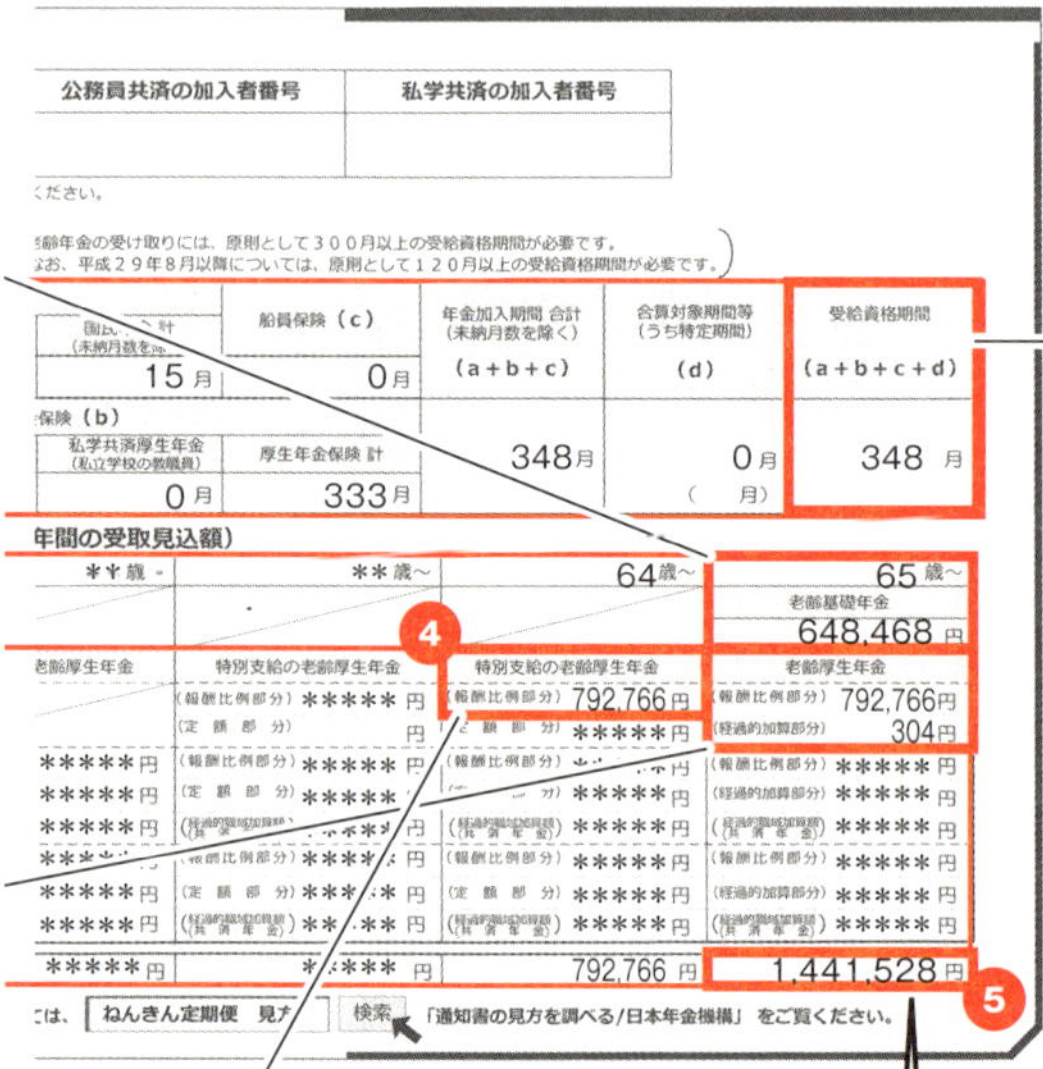

特別支給の老齢厚生年金
（報酬比例部分）792,766 円

❹ 特別支給の老齢厚生年金がもらえるかチェック

1961年4月1日以前生まれの男性、1966年4月1日以前生まれの女性は、生年月日により65歳より前から「特別支給の老齢厚生年金」がもらえる。

❺ 65歳からもらえる年金見込み額は、ここを見る!

この例では、
年額144万1528円になる。

ねんきん定期便はこの5つを見よう！

❷ 国民年金の受取見込み額をチェック

国民年金に引き続き 60 歳まで加入した場合、国民年金から払われる「老齢基礎年金」の見込み額。支給は65 歳から。この例では、年64 万8468円がもらえる。

65歳〜
老齢基礎年金
648,468 円

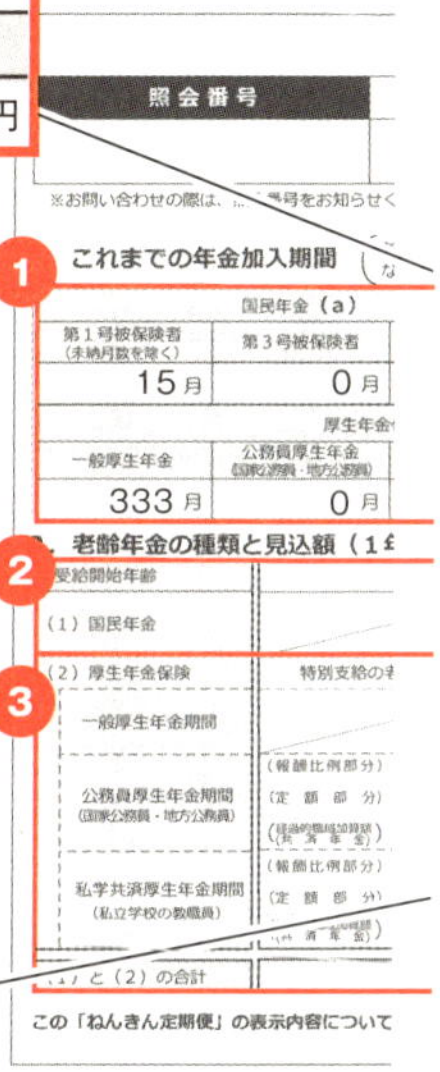

❸ 厚生年金の受取見込み額をチェック

会社勤めの経験がある人に、厚生年金から払われる「老齢厚生年金」の見込み額。支給は65 歳から。この例では、報酬比例部分79 万円 2766 円と経過的加算部分の 304 円、合計で年 79 万 3070 円がもらえる。

老齢厚生年金	
(報酬比例部分)	792,766 円
(経過的加算部分)	304 円

何歳からいくらもらえるかの
見込み額は表の右下を
見ればわかる！

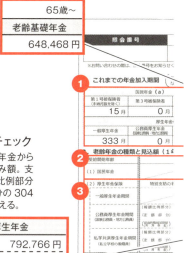

2 あなたは何号さん？年金の基本としくみ、言葉をおさらい！

シンプルな「ねんきん定期便」だが、それでも年金の基本的なしくみや言葉を知らないと、わけがわからないかもしれない。

ここで基本を説明しよう。1号さん、2号さん、3号さん。国民年金、厚生年金など。

●国民年金と厚生年金

日本の20歳以上の国民は誰でも、国民年金に加入することになっている（国民の義務）。学生も、会社員も、自営業者も。主婦も。

ただし、自分で保険料を払う自営業者や学生は「第一号被保険者」（この本では1号さんと呼ぶ）、会社勤めで給料天引きの、国民年金と厚生年金の両方の保険料を払う人は「第二号被保険者」（2号さん）、会社員か公務員の夫に扶養されている妻（無職またはパート）は「第三号被保険者」（3号さん）だ。

65歳からもらえる年金は何号かで違ってくる

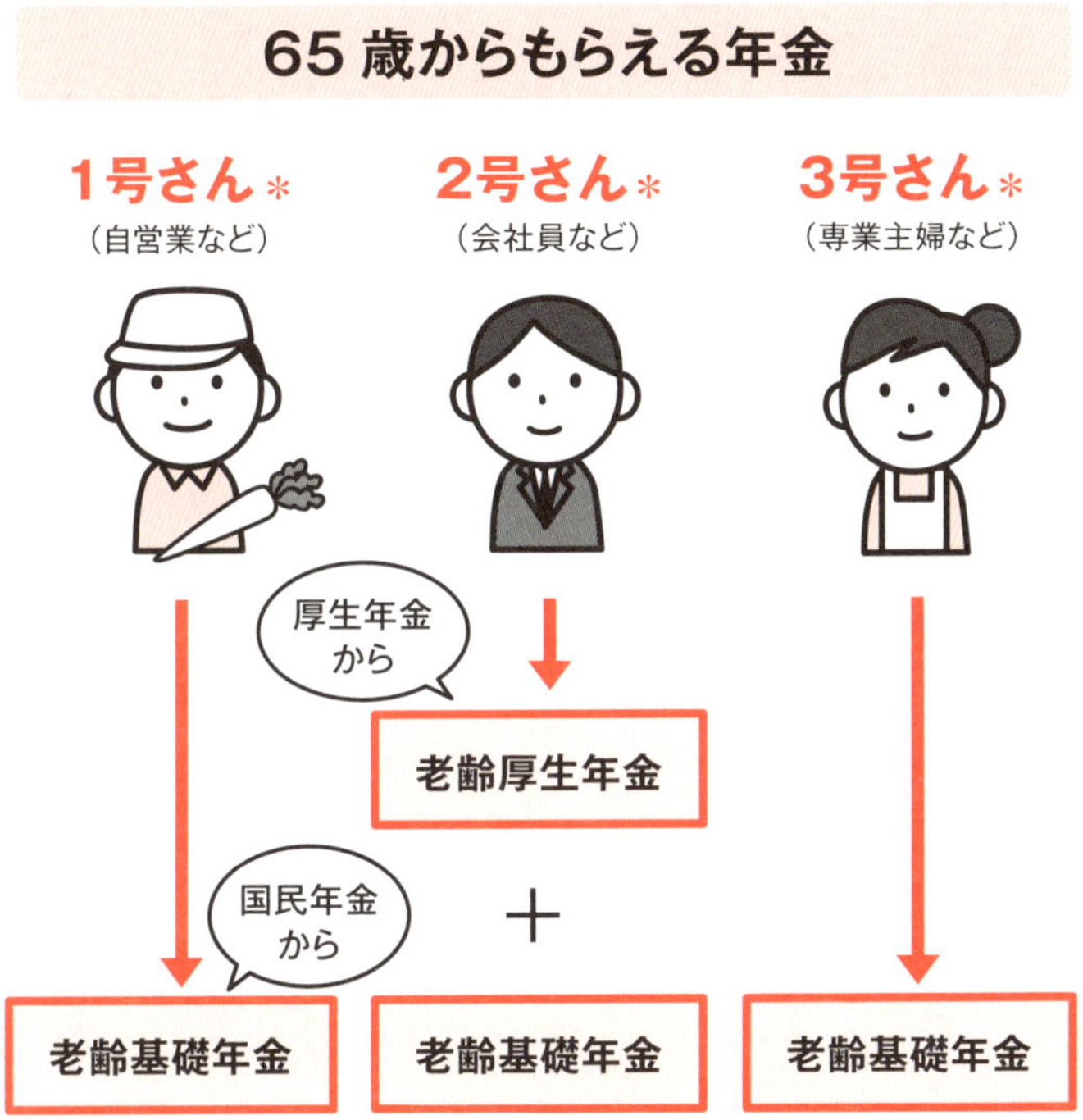

＊ 正式名称は、第一号被保険者、第二号被保険者、第三号被保険者。

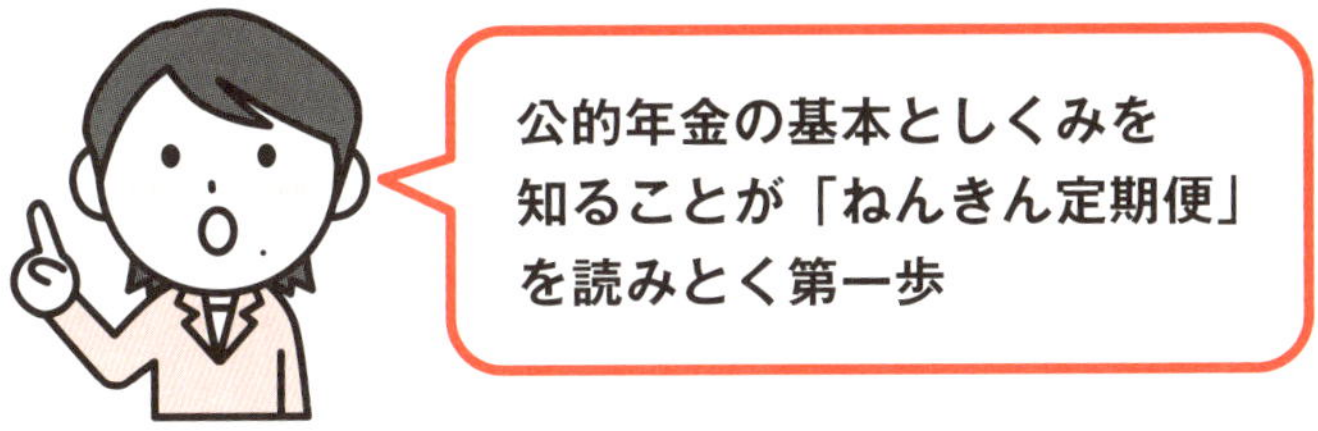

●1号さん

これまで、国民年金だけにしか加入しなかった人（会社勤めの経験がない人）は、国民年金からの「老齢基礎年金」だけが払われる。これが62ページの図の②。

年金額は、20歳から60歳まで40年（全期間）加入した人で、77万9300円（2017年4月〜2018年3月）。加入期間が30年間だと4分の3で58万4475円となる。

●2号さん

1カ月でも会社勤めの経験がある人は、厚生年金から「老齢厚生年金」が払われる③。ただし、1961年4月1日以前生まれの男性、1966年4月1日以前生まれの女性は、生年月日により65歳より前から「特別支給の老齢厚生年金」が払われる④。

老齢厚生年金額は、加入期間の給料によって決まる。給料が高い人ほど受け取る年金額が多くなるしくみだ。23歳から60歳まで加入して、この間の平均の税込み年収が約400万円だとすると、金額は**約83万円**となる（2017年度）。

●3号さん

会社員か公務員の夫に扶養されている妻（あるいは妻に扶養されている夫）は、その間、年金保険料を払わずに**国民年金保険に加入した（保険料を払った）のと同じ扱い**になる。

3

妻がもらえる年金はいくら？ ずっと専業主婦なら約78万円！

妻も50歳過ぎから、本人あてに「ねんきん定期便」が届くから、これで確認。妻が会社員なら、もらえる年金額は先に説明した通り。

会社員の妻で専業主婦なら、国民年金の第三号被保険者なので、その期間は、自分で国民年金保険料を払ったものとして「老齢基礎年金」を受け取れる。

会社に勤めたことがなく、ずっと専業主婦で、パートをしていても、ずっと扶養内の妻の年金は、老齢基礎年金だけ。全期間（40年）加入なら、額は年77万9300円（2017年4月〜2018年3月）。

結婚前や、結婚後に会社勤めの期間が少しでもあれば、老齢厚生年金もプラスされる。

ねんきん定期便で確認して、三号期間なのに加入の記録がなかったり、働いた期間がもれている場合は、届け出て訂正しよう。

夫の扶養だった妻が、50歳からでも**扶養の範囲を超えて**（パートの場合で年収１３０万円以上＊1）**働くと、自分で厚生年金保険料を払うことになり、3号さんから1号さんになる**。給料の手取りは少し減るが、自分名義の「老齢厚生年金」の額が増える。月収20万円で10年間働けば、老齢厚生年金が年約13万１５４４円プラスになる。65歳から１００歳まで受け取れば計約４６０万円。子どもは手を離れたことだし、扶養の枠を超えて働く価値は十分ありそうだ。

妻も自分の年金を
ねんきん定期便で
確認しよう！
いま専業主婦の人が
これから働く＊2と自分
の年金が増える

＊1　ただし、以下の場合は年収106万円以上で夫の扶養からはずれる。①従業員が501人以上で、②週20時間以上働いている、など。
＊2　扶養の範囲を超えて働き、自分で年金保険料を納めた場合。

4 遺族年金は、夫の職業で額が決まる18歳未満の子がいるか、

離婚しないのが、最高の老後資金プラン（10章）と私が唱える理由のひとつは、**夫に先立たれた妻は、「遺族年金」を受け取れるから。離婚した後は受け取れない**。

未亡人となった後、自分の年金と合わせて遺族年金があれば、生活費のかなりの部分をまかなえる。その概要を。

●遺族基礎年金は、18歳未満の子がいる場合のみ

夫が自営業でも会社員でも、亡くなると、**妻（と18歳未満の子）に、「遺族基礎年金」が払われる。金額は約１００万円**（妻と子ひとりの場合。２０１７年度）。

子が18歳以上のときや子がない場合は、遺族基礎年金は払われない。

●夫が会社員なら、子がなくても遺族厚生年金を受け取れる

夫が会社員、または元会社員（60歳まで厚生年金加入）で、先に亡くなったときは、厚生年金から「遺族厚生年金」が妻へ払われる。金額は、夫が生きていれば受け取るはずだ

った「**老齢厚生年金」の4分の3**。夫の老齢厚生年金が90万円だったら67万5000円だ。結婚期間が短くても（1カ月でも）、入籍していない事実婚でも結婚関係を証明できれば、遺族年金を受け取ることができる（別に入籍した妻がいる場合の事実婚はだめ）。

遺族年金を受け取っていた妻が65歳になって自分の老齢年金を受け取り始めると、妻本人の老齢基礎年金にプラスして、引き続き遺族厚生年金も受け取れる。

ただし、妻に自分自身の老齢厚生年金がある（会社勤めの期間がある）場合は、次の3つからどれかを選択する。

（1）自分の老齢基礎年金＋自分の老齢厚生年金

（2）自分の老齢基礎年金＋夫の遺族厚生年金

（3）自分の老齢基礎年金＋自分の老齢厚生年金×1／2＋夫の遺族厚生年金×2／3

どれがいいかは、受取額がいちばん多くなるのを選べばいい。一般に夫と同等以上の収入で長期間働いた人は（1）、ほとんど専業主婦（＝3号さん）だった人は（2）、会社で働いた期間が短い人、夫より収入が少なかった人は（3）が有利だ。

会社員の妻と自営業の妻の遺族年金はこんなに違う

● 会社員の妻の遺族年金は夫の老齢厚生年金の 3/4+100万円

● 遺族厚生年金 → 夫の老齢厚生年金の **3/4**（一生または再婚するまで）

＋

● 遺族基礎年金 → **100** 万円（妻と子ひとりの場合、子が 18 歳まで）

● 自営業の妻の遺族年金は100万円

● 遺族基礎年金 → **100** 万円（妻と子ひとりの場合、子が 18 歳まで）

離婚後に元夫が亡くなっても遺族年金はもらえない

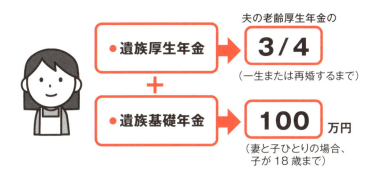

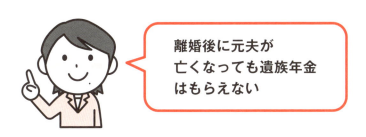

5

会社からもらえる退職金と企業年金。生かし方はいまから考えて！

会社勤め人のいちばんのごほうびは退職金かもしれない。29歳で会社をやめた後は自由に好きに生きてきた私だが、（自営業者を代表して）退職金は素直にうらやましい。

退職後の資金プランでは、**会社からもらえるお金をざっと見積もっておこう**。退職直前には、具体的なプランをつくるために正確な金額が必要だが、**退職まで5～10年あるならおおまかで大丈夫**。

●退職金

これを運用しながら生活費にあてるか、退職時点でまだ残債が残っている住宅ローンの繰り上げ返済にあてるか、方針を決めておく。

●企業年金

会社によっては企業年金制度がある。厚生年金基金、確定給付年金、確定拠出年金（企業型）などだ。それぞれ、いくらもらえるかと受け取り期間を確認しておく。

退職金の使い道をいまから考えよう！

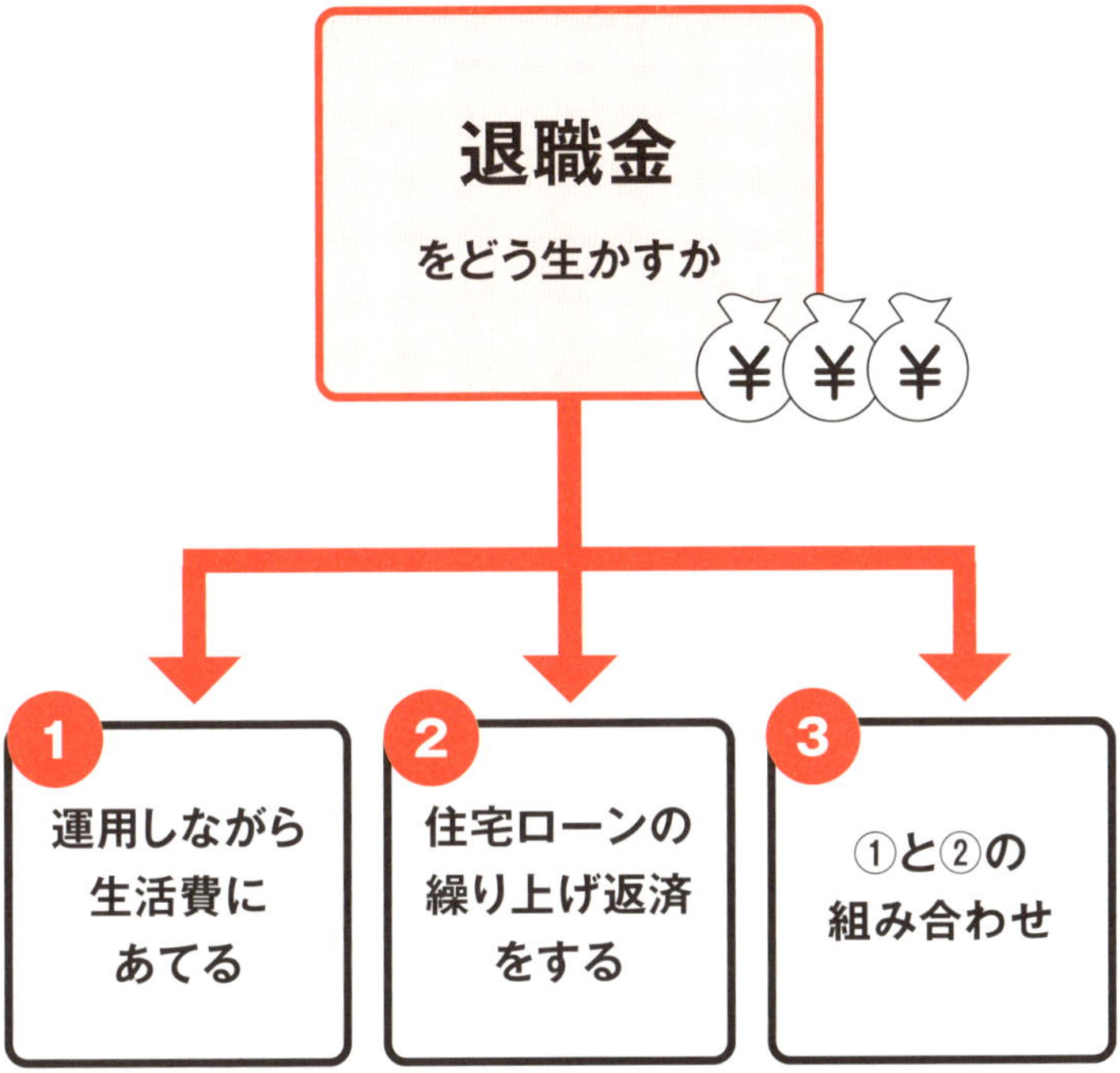

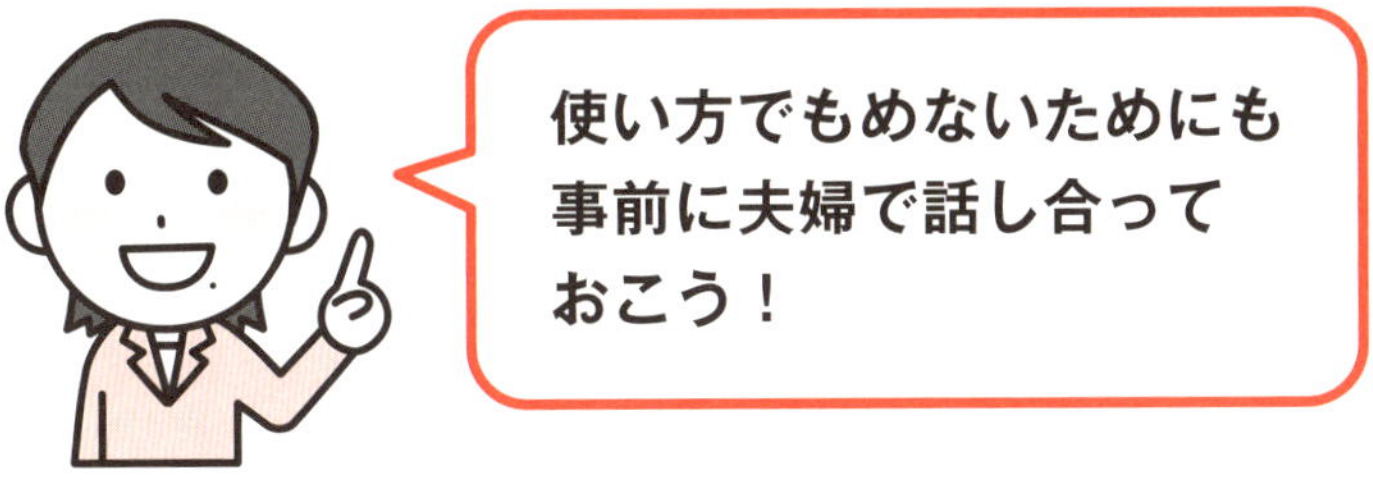

コラム

公的年金の今後の行方に注目。次世代のことも考えよう

残念だけど、公的年金制度について明るいニュースは少ない。寿命が伸びて高齢者は増えるが、子どもは減って、人口は減少。たとえば、若くて有能な移民を受け入れて人口を増やし、出生率を上げるという政策はどうだろう。経済は元気になり、年金制度も継続可能になる。

これから、予想される年金制度の変更は次の通り。

(1) 年金の支給開始年齢が引き上げられる
(2) 年金の支給額が引き下げられる

これまでの年金改正は、すでに年金を受け取っている人や、10年以内に年金を受け取り始める人には、マイナスの影響がほとんどない形で行われてきた。いまの50代(1968年以前生まれ)には、大きな影響はないと思われるが、油断は禁物。年金制度の行方には気をつけておこう。いまの制度に基づいた老後プランをつくっておき、変更がはっきりとした時点で、プランを見直せばいい。

それから、自分たちの世代だけよければ後は知らない、という態度は問題だ。子世代、孫世代、その後の世代もずっと安心できる年金制度に変えていく責任は、あなたにも私にもある。

第4章

いざ、貯蓄計画をつくろう

1年あたりいくら貯めればいいか。退職後のお金は、安全な商品と投資型の商品で積み立てよう

1

1年あたりいくら貯めればいいか？自分の積立プランをつくろう！

さあ、ここまで読んで、自分がいくら貯めればいいか、貯めたいかわかっただろうか。

2章、3章をもう一度振り返り、左のページに書き込んで、目標金額を確認しよう。**65歳までにいくら貯めたいかが決まったら、1年あたりに貯める金額がわかる**。それを12で割れば、**1カ月あたりに貯めるべき金額**がわかる。

とてもシンプルだ。

このとき、利息は考えなくていい（インフレ率と同じ率で運用できるという前提）。

金額の目安が決まったら、「何で貯めるか」という商品を決める。

税金の優遇があるものが使えるなら、もちろん使おう。個人型確定拠出年金や、つみたてＮＩＳＡ。それから、安全な預金だけでなく、高い運用利回りが狙える投資型商品を必ず組み合わせること。

年収500万円なら、貯金目標年額は83.3万円

年収500万円の積立例

1 あなたの年収 ＊1　500万円 × 2 貯めたいのは、年収の　5.5倍 ＝ 3 貯めたいトータルの金額　2750万円

4 いまある貯金（老後用）　500万円 ＋ 5 退職金の予想額　1000万円 ＋ 6 その他 ＊2、もらえるお金　0円 ＝ 7 準備ずみのトータルの金額　1500万円

3 貯めたいトータルの金額　2750万円 － 7 準備ずみのトータルの金額　1500万円 ＝ 8 これから貯めるべきお金　1250万円

8 これから貯めるべきお金　1250万円 ÷ 9 貯める期間　15年 ＝ 10 1年あたりの貯金目標額　83.3万円

自分のプランも書いてみよう

1 あなたの年収 ＊1　　万円 × 2 貯めたいのは、年収の　　倍 ＝ 3 貯めたいトータルの金額　　万円

4 いまある貯金（老後用）　　万円 ＋ 5 退職金の予想額　　万円 ＋ 6 その他 ＊2、もらえるお金　　円 ＝ 7 準備ずみのトータルの金額　　万円

3 貯めたいトータルの金額　　万円 － 7 準備ずみのトータルの金額　　万円 ＝ 8 これから貯めるべきお金　　万円

8 これから貯めるべきお金　　万円 ÷ 9 貯める期間　　年 ＝ 10 1年あたりの貯金目標額　　万円

＊1 現役時代の手取り年収の平均。
＊2 満期保険金や相続など。

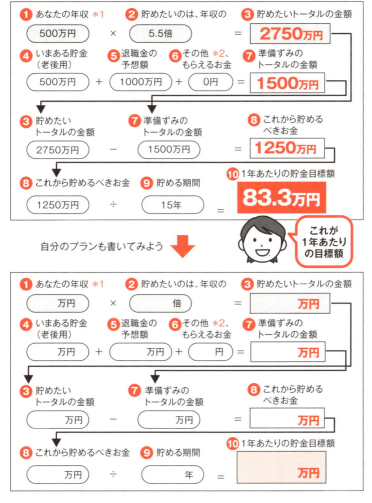

2 貯金と投資の大きな違い。安全な商品は、インフレに弱い宿命がある

お金の預け先、つまり金融商品には「安全な商品」と「投資型の商品」があるのはご存知の通り。

私は退職にそなえるためには、必ず投資型の商品を組み入れることを勧めている。

投資型の商品は「値段が上下して損をするリスクがある一方、預金より高い利回りになる可能性が十分ある」金融商品のこと。**リスクは投資法を工夫して小さくできる**。投資にもいろいろあるが、私はずっと「投資信託」を勧めている。理由は後でお話ししよう。

なぜ投資か。**貯金はインフレ（物価の上昇）などで目減りしてしまうから**。日本は1991年くらいから20年以上デフレ（インフレの反対、物価の下落）が続いたので、あまり実感がわかない。でも「インフレがお金の価値をどんどん減らす」ことは知っておこう。

1年で3％のインフレだと、お金の価値は1年で3％減る。10年で26％、20年で46％、25年では53％も減ってしまう。

インフレ率３％だと現金の価値はこんなに目減りする

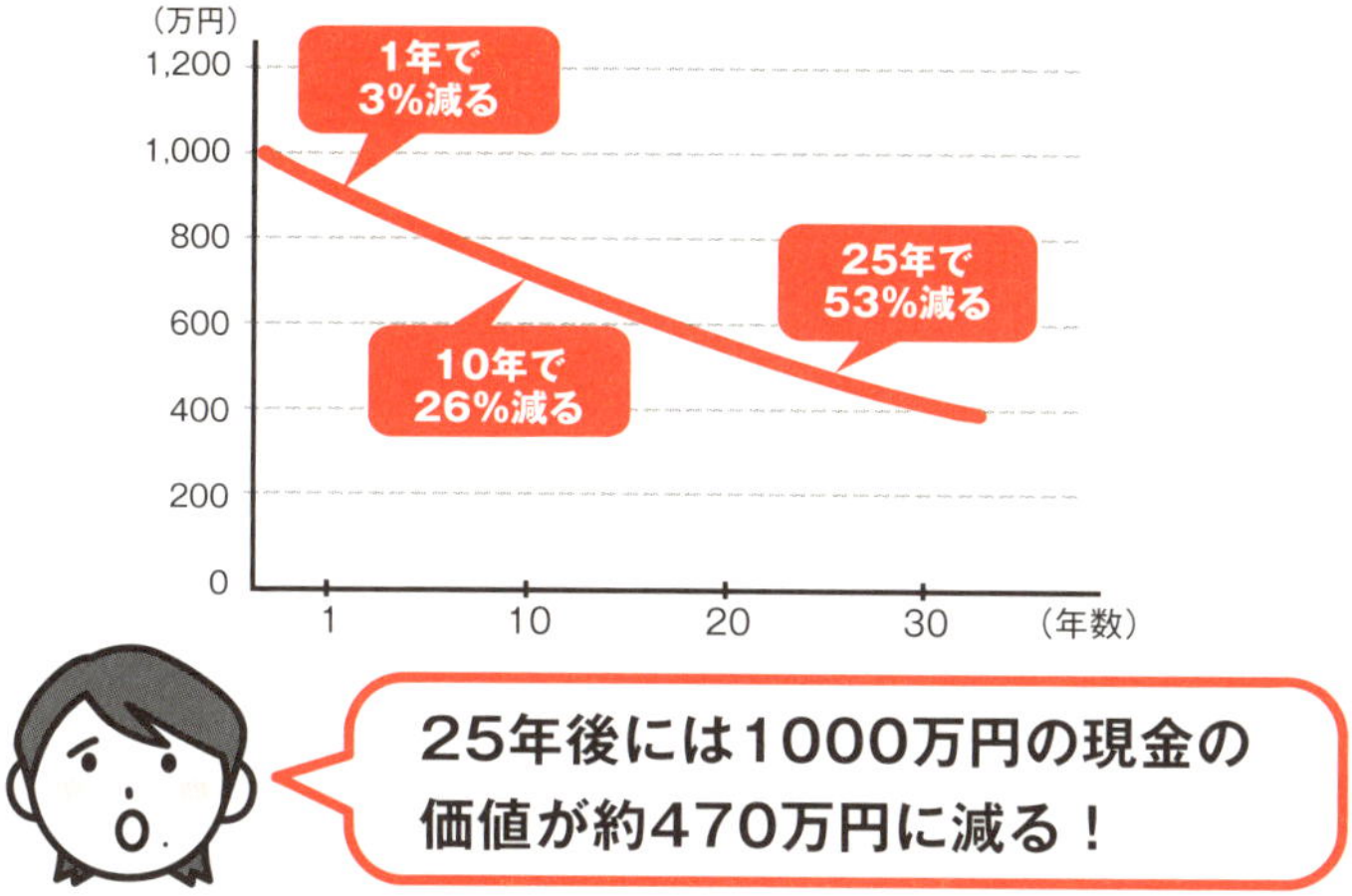

いま1000万円が手元にあり「老後の生活費に使おう。1年に100万円使って10年分だ」と考えていても、インフレ3％とすると25年後に1000万円の現金は約470万円の価値になっている。生活費10年分あったはずが、5年分に減っている。

最低でもインフレ率と同じ率で運用しなくちゃいけない。

それは貯金だけでは難しい。**できればインフレ率＋2〜3％で運用したい。それには投資が必須なのだ。**

3

退職後のお金は、安全な商品と投資型の商品を組み合わせる

76ページで、65歳で「いくらのお金を持っておきたい」というゴールが見えた。**次は、「そのお金を、どういう形で持っていたいか」を考える**。ここでは、3000万円として考えよう。これは、75歳までの10年間は使わない予定のお金。だから**安全な貯金だけでなく、より高い利回りになる可能性が高い投資型の商品を必ず組み合わせる**。

どういう割合がよいか。最近は投資のソフトウェアや運用ロボットが、個人の状況に合ったポートフォリオ（投資の組み合わせ）を提案してくれる。これを利用するのもいい。

私は、シンプルがモットーなので、以前から左のようなポートフォリオを提案している。

全体の50%を国内の安全な商品（預金、個人向け国債など）

全体の50%を投資型の商品（株式や海外への投資）

- 投資型の商品50%のうち半分（全体の25%）を日本の株式
- 投資型の商品50%のうち半分（全体の25%）を海外の株式と債券

10年以上使わないお金は、安全な商品と投資型の商品へ

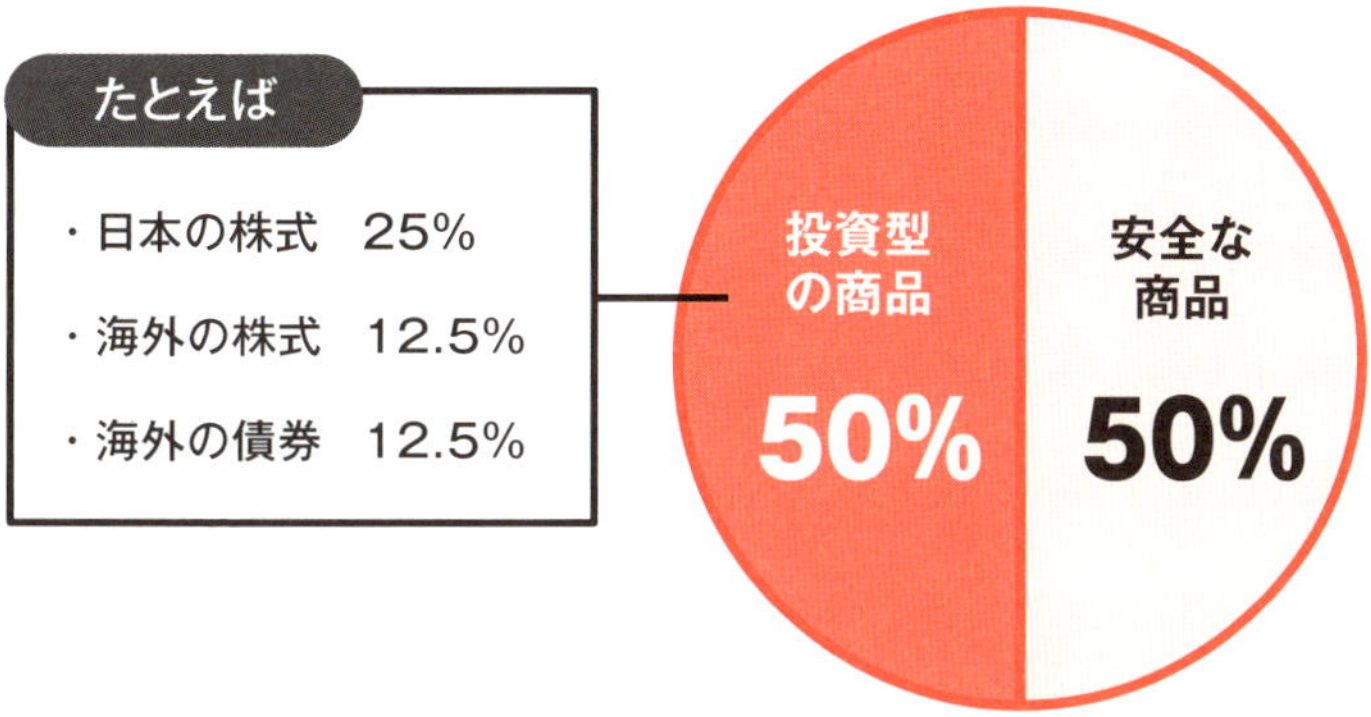

値動きの違うカテゴリー（国内と海外、株式と債券、好みでREIT《リート》〈不動産投資信託〉など）を組み合わせることで、リスクを小さくすることができる。

また、**一度に買わず、毎月一定額を買う「積立」を実行して、リスクをさらに小さくする。**この方法で大儲けは狙えないが、預金金利＋2〜5％の運用ができる可能性は高い。

4 安全な商品と投資型の商品を50%ずつ積み立てよう!

「貯金はインフレや円安に弱いから、投資型の商品を組み合わせよう」と繰り返しお話ししているが、投資といわれてもピンとこないかもしれない。なので具体的な数字を見てみよう。

たとえば毎月5万円を10年積み立てた場合、過去のデータをもとに試算すると、10年後の合計額*1はこうなる。

- **安全な商品(貯金)で貯めた場合は、600万円(利回り0%)**
- **投資型の商品で貯めた場合*2は、倍以上の1273万円(利回り12%)**

(1)日本の株式で運用すると、960万円(8・7%)
(2)海外の株式で運用すると、1273万円(12%)
(3)海外の債券で運用すると、773万円(4・9%)

月5万円を積み立てて**貯金すると10年後には600万円**にしかならないが、**運用すると**

*1 野村アセットマネジメントのFunds-iのウェブサイトで試算。
*2 投資利回りは、2007年から2017年までの実績からよるもので確約されたものではない。

月5万円を投資信託で10年間積み立てたら

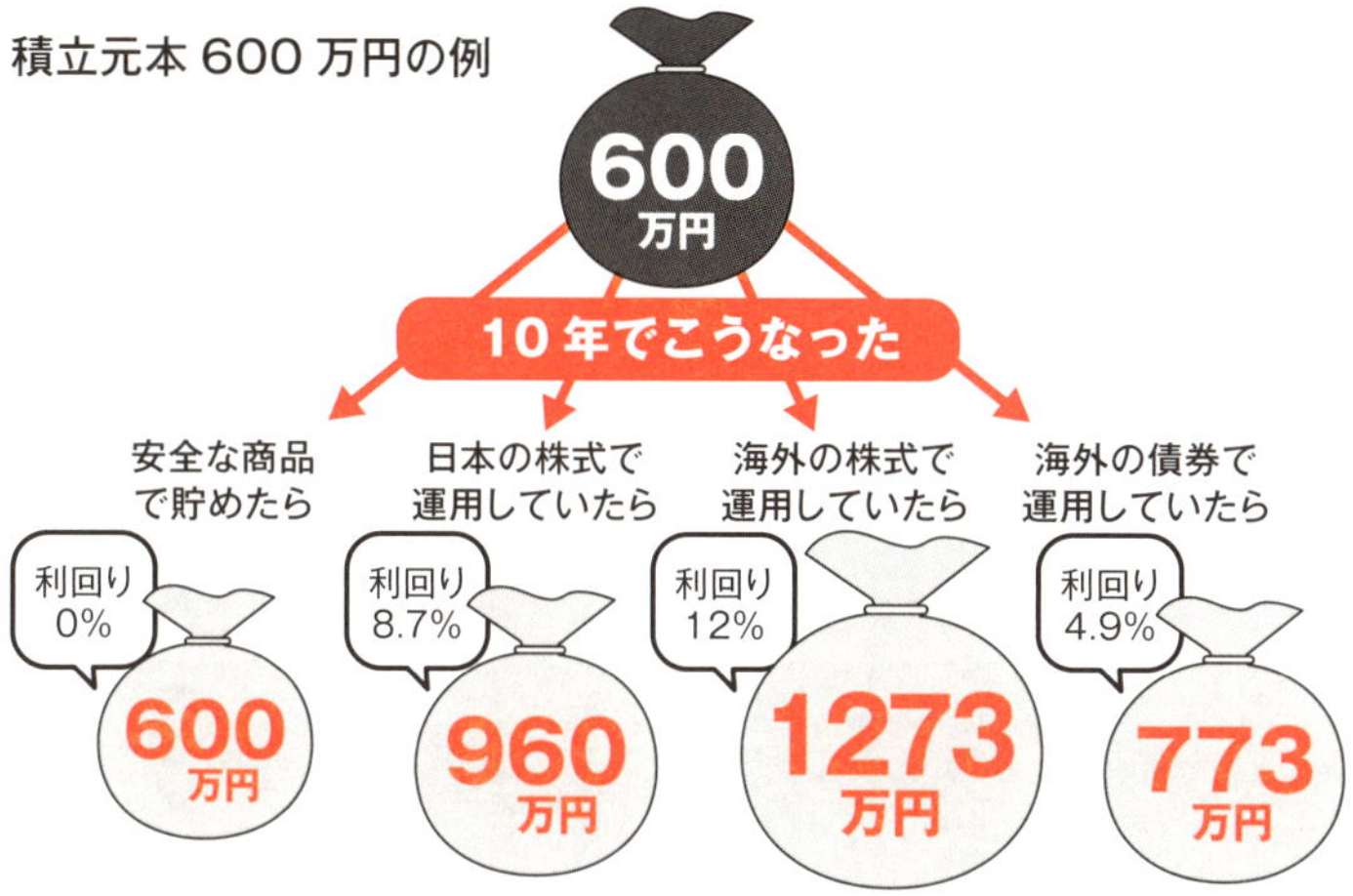

＊ 2007年10月～2017年9月まで、インデックスファンドで積み立てた場合。

773万円とか960万円、**1273万円**になったりする可能性が。これが**投資の実力**。

国内株式とか海外株式とか海外債券といわれてもわからないかもしれない。いったいどうすればいいか。11章で詳しく説明するのでご安心を。いずれも**「投資信託」のうち、インデックスファンドというちばんシンプルなもので積み立てるだけ。誰でもできるよ**。

本書では投資して「3%」「2%」を例に出しているけど、この利回りは、安全な商品と投資型の商品を50%ずつ組み合わせることで、無理なく実現できると考えている。詳しくは11章で。

5

退職してからもずっと運用するから、退職後に大きく差がつく！

現役時代にお金を投資するとしないでは大きな差がつく。

ところが、**差が開くのは実にこの先**だ。左のグラフを見てほしい。

50歳で貯金が500万円。毎年100万円を59歳まで貯める。60歳からは貯金しない。65歳から75歳まではアルバイトをして生活費を補い、貯金は使わない。75歳から1年に120万円ずつ引き出す。運用利回り0％と3％を比較してみた。60歳での貯金残高は0％が1500万円、3％が約1860万円と300万円強の差しかない。

ところが、貯金を崩し始める前の74歳で、0％は1500万円、3％は約2800万円になる！ 15年でこんなに差がつき、その後も差はどんどん大きくなる。

0％は87歳で貯金が底をつく。3％は100歳でまだ約1400万円の貯金がある！

投資をするしないは、お金を貯めている間以上に、**退職後に大きな差**がつく。

投資については11章で、一歩ずつ詳しく説明している。お楽しみに。

50歳から投資すると退職後に大きく差がつく

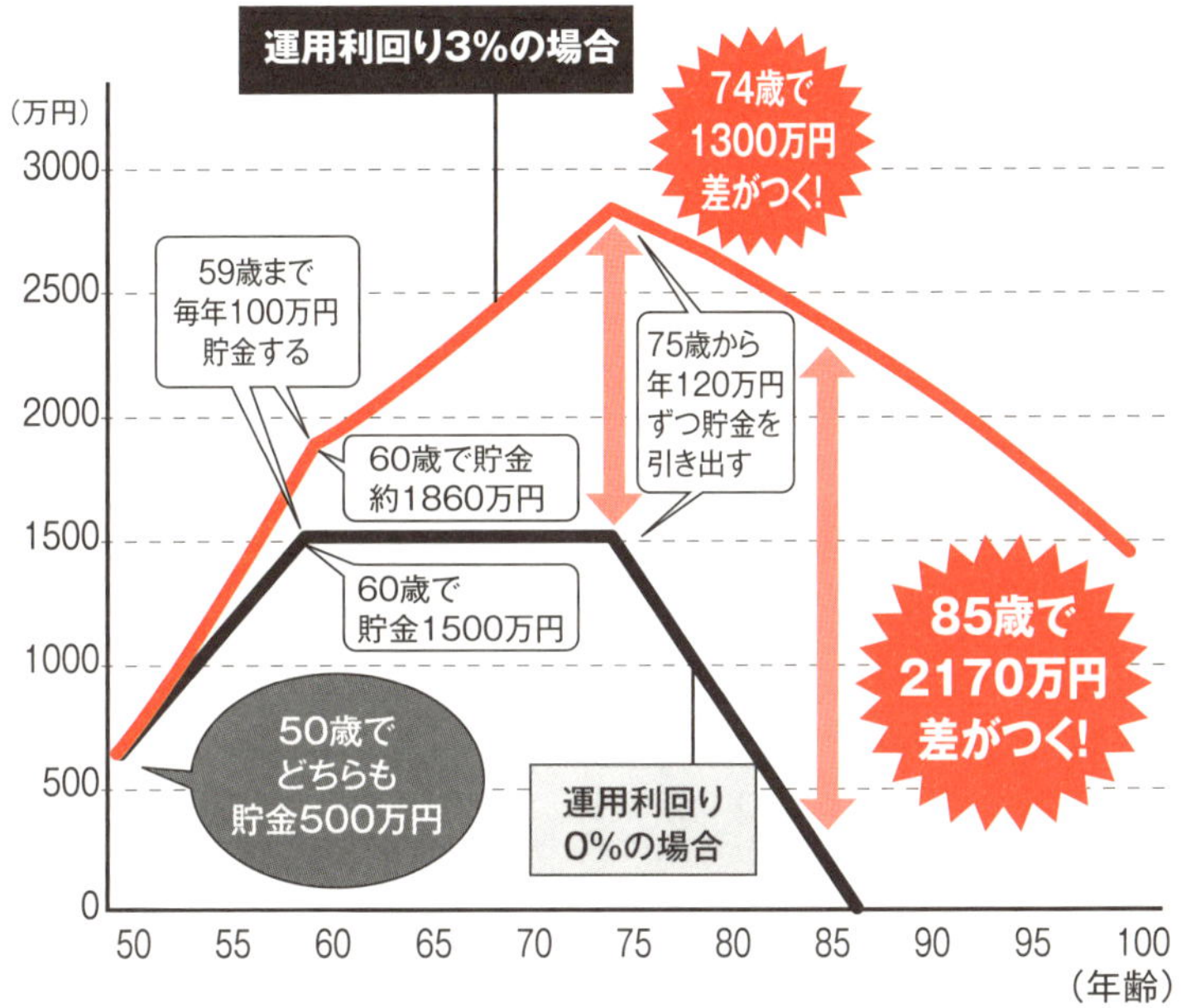

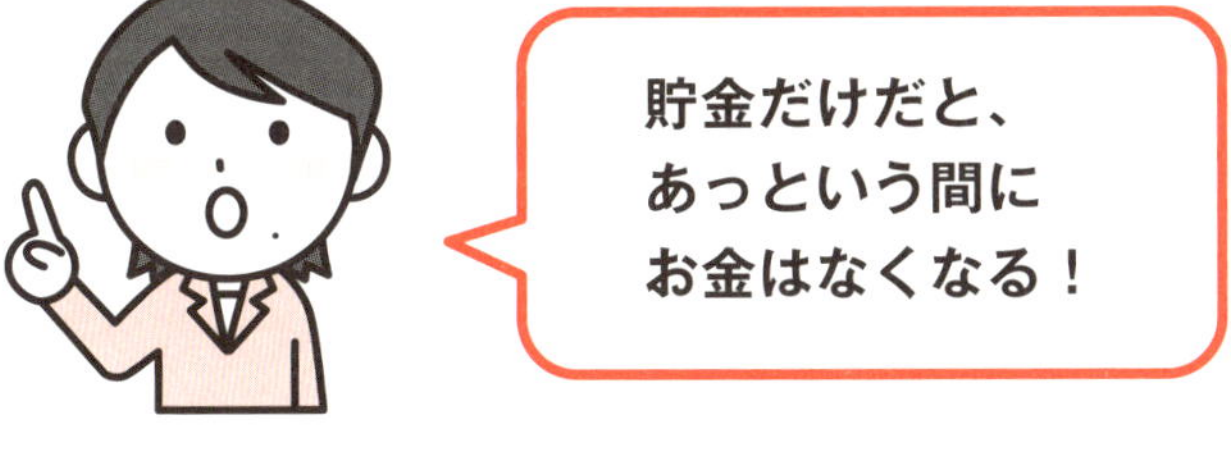

6 安全な商品をおさらい！財形年金と銀行預金、個人向け国債

安全な商品をざっと復習しよう。

（1）財形年金

給与天引きで会社が提携している金融機関に積立をする財形貯蓄制度には、「一般財形」「財形住宅」「財形年金」の3つがある。このうち財形年金は、5年以上積立・60歳以降に年金方式で受け取るなどの条件を満たせば、積立中も年金受け取り中も利息に税金がかからないという特典がある。非課税の限度額は財形住宅と合算して元利合計550万円（保険型商品は払い込み額が385万円まで）。

現在の超低金利では非課税にうまみはないが、**天引きで確実に貯まるのがメリットだ**。

（2）銀行預金（積立定期預金）

長期の資金を、金利ほぼゼロの預金に預けておくのはなるべく避けたいが、財形年金が使えない人が安全な金融商品で積み立てるなら**「積立定期預金」を使うといい**。

個人向け国債は毎月発行され、預金より少し有利

	個人向け国債		
	変動10	**固定5**	**固定3**
満期	10年	5年	3年
金利タイプ	変動金利	固定金利	
中途換金	●発行後1年経過すればいつでも国の買い取りによる中途換金が可能（元本割れのリスクなし）。 ●中途換金時に、直前2回分の各利子（税引前）相当額×0.79685が差し引かれる。 ●発行後1年間は、原則として中途換金ができない。		

毎月、指定した日に指定した金額を（26日に3万円など）普通預金から定期預金に自動的に積み立ててくれる。

(3)個人向け国債

毎月発行され、定期預金より、やや利回りは高い。銀行、証券会社などで専用の口座を開いて購入する。満期は、10年、5年、3年の3種類。どれも買ってから1年たったら、解約できる。ただし、**解約手数料（過去1年分の利息相当分）**がかかるので、**中途解約では利回りが低くなる**。購入後1年で解約したら利息ゼロだ。

超低金利のいま、有利な商品とはいえないが、**高金利になれば魅力は増す**。一度は買ってみてもいいかも。

コラム

あなたの資産をロボットが運用してくれる時代に

人間の形をした金属のロボットが投資のアドバイスをしてくれる、わけじゃない。コンピュータの投資プログラムが指示を出して投資信託を運用したり、投資家（つまり、あなた）に運用のアドバイスをしてくれるのを、ロボット運用とかロボアドバイザーと呼んでいる。

つみたてNISA《ニーサ》もiDeCo《イデコ》も、とてもいいしくみなのに、どの投資信託を選んだらいいか、どう組み合わせたらいいか、自分で決めなくてはいけないのが、高いハードルになっている。

そこで、ロボット（という名のコンピュータ・プログラム）が、「はい、ご主人様は日本の株式を2万円、海外の株式を9000円、海外の債券を4000円、海外REITを2000円積み立ててください」とか、「ご主人様、株式相場の様子が変わりましたので、組み合わせを変えましょう。日本の株式を9000円に減らして、海外の株式を2万円に増やしましょう」などとアドバイスしてくれたら楽ちんだ。考えなくて悩まなくていい。すでに、ロボットによる運用アドバイスを導入している金融機関もあるから、そうなる時代も遠くない。

ただし、どんな精巧なプログラムを使っても、ロボットがいつもいい結果を出してくれるとは限らない。そこのとこ、ちゃんとわかった上で使いたい。

第5章

最高の資金プランは、できるだけ長く働くこと

――働き続けることは、お金、人間関係、健康にもプラスだらけ

1

お金や人間関係、健康に効果絶大！長く働くメリットを復習しよう

「85歳まで働くぞ！」と考えると、私はわくわくするけど「さあ、75歳、80歳まで働きましょう！」と提案すると、うんざりする顔をする人も多い。

「そんなの無理！」「そんなの嫌だ！」「60歳になったら1日も早く退職したい！」

あなたは、きっと辛い働き方をしているのかもしれない。通勤に片道2時間、1日14時間働いて、休日出勤が当たり前だったり、月80時間残業しているのかもしれない。人間関係がうまくいかない職場で、いやな上司の下で働いているのかもしれない。

「いまのその辛～い働き方で、75歳まで80歳まで働け」といっているのではない。自分の能力や経験を生かし、地域やまわりのためになり、自分も楽しめる働き方を見つけて、月10万円くらい稼げる仕事を、60歳か65歳から10～20年続けようと提案しているのだ。

65歳から年金生活になったとき、月10万円ばかし稼げると、貯金を崩さずに暮らせる。月15万円なら貯金だってできる。しなくていいけど。

長く働くメリットはいっぱいある

お金
- 退職までに貯めるお金が少なくていい
- 退職後のゆとり費いっぱい

人間関係
- 友だちが増える、減らない
- 家族の仲がよくなる

健康
- 体を動かすから病気知らず
- 日々の刺激で認知症になりにくい

情報
- 常に新しい情報をアップデートできる
- 時代おくれにならない

すると、65歳までに貯めるべき金額は、働かない場合に比べて１０００万～２０００万円少なくてすむ。これは大きい。65歳からのゆとり費も、働かない場合よりぐんと増える。

仕事を辞めると人付き合いがほとんどなくなる人も多い。特に男性。出かけないと病気になりやすい、心が沈んでうつ病などになりやすい。刺激がないから認知症も進みやすい。

変化の早い世界で、働かないとあっという間に時代から取り残される。電子機器やＳＮＳを使えるか使えないかによる生活格差「デジタルデバイド」がどんどん進んでいるが、これからもっと大きくなる。**働き続けることは、お金にプラス、人間関係にプラス、体と心の健康にプラス、とプラスだらけ**なんだ。

2 長く働き続ける秘訣は、疲れるまで働かないこと！

75歳、80歳まで働き続けるには、退職間際になってから仕事を探したり、新しい働き方を模索しても遅すぎるかも。

50代のいまのうち、退職まで10年以上ある**いまのうちに働き方を見直し、これからの働き方、あと25年どう働くかをデザインすることが大切だ。50代の転職、起業も視野に入れたい。**

アメリカに5年ほど住んで、数年仕事をしたことがある。早期退職がアメリカンドリームだったのは昔の話で、**「長く現役でいることの方がかっこいい」**イメージができつつあった。60歳をすぎて大学院に入って修士を取り（アメリカは大学院に入りやすいが単位を取るのは厳しい）、65歳以降に新しいキャリアに挑戦する男性、女性たちと知り合った。スーパーのレジで1日7時間、週5日働く80代の女性は「元気の秘訣は働き続けること」

と笑顔で答えてくれた。

日本はまだ60代以降の雇用の機会が少なく狭い。大学院にも入りにくい。変えていかねば。

世田谷のシェアオフィスで働くオーストラリア人の友人に聞いてみた。

「60代で完全リタイアする人は少ないよ。退職して毎日日曜日になったら退屈だもんね。それより週3日とか年の半分くらいを働いて、残りを楽しみに使う方がずっといい」

「日本人みたいに長時間働かないから、みんな疲れてないよ。だから70歳をすぎても働くのが当たり前だし、働き続けたいって思うんじゃないかな」

昔「短距離走」だった働き方は、ずいぶん前に「中距離走」になり、すでに「長距離走」になりつつある。完走するには走り方を変えなくては。ヒントはこれ。

長く働き続ける秘訣は、疲れるまで働かない。

50代のうちに、
これからの働き方を
考えよう！

3

65歳で仕事を辞めるプランと75歳までアルバイトするプランの例

カップル

では、具体的な数字の例を見てみよう。
まず、カップルのケース。共働きまたは妻がパートをイメージしてみた。

前提は次の通り。

- 50歳での貯金残高が1000万円ある
- 50歳から59歳まで、手取り年収は700万円で年105万円（15％）を貯金する
- 60歳から64歳まで、収入が減るので貯金しない
- 退職金は、予備費やゆとり費にあてるので計算に入れない
- 65歳からの年金は280万円で、生活費は380万円とする（生活費の不足額はマイナス100万円）

まず運用利率0％（インフレ率と同じ）として見てみよう。

年金を受け取り始める前の64歳時点で、貯金残高は2050万円。

アルバイトせずに65歳から年100万円を引き出して生活費などにあてると、貯金は85歳でマイナスに。

一方で、**65歳から75歳までふたりで年150万～200万円アルバイト**して、貯金を崩し始める年齢を75歳とすると、**75歳まではゆとり費を50万～100万円使った上で、貯金は94歳までプラスのまま。**


次に、運用利率2％で見てみよう。

資産を2％で運用できると、将来はかなりバラ色を帯びてくる。

1000万円を2％で運用すると1年でプラス20万円。**アルバイトをしない場合でも、貯金は98歳までプラス***。アルバイトをすると100歳でも1600万円以上残っている計算になる。恐るべし運用の力。

＊ この試算結果は、96ページのグラフには記載していません。

カップルが75歳まで働いて運用すると100歳すぎても安心

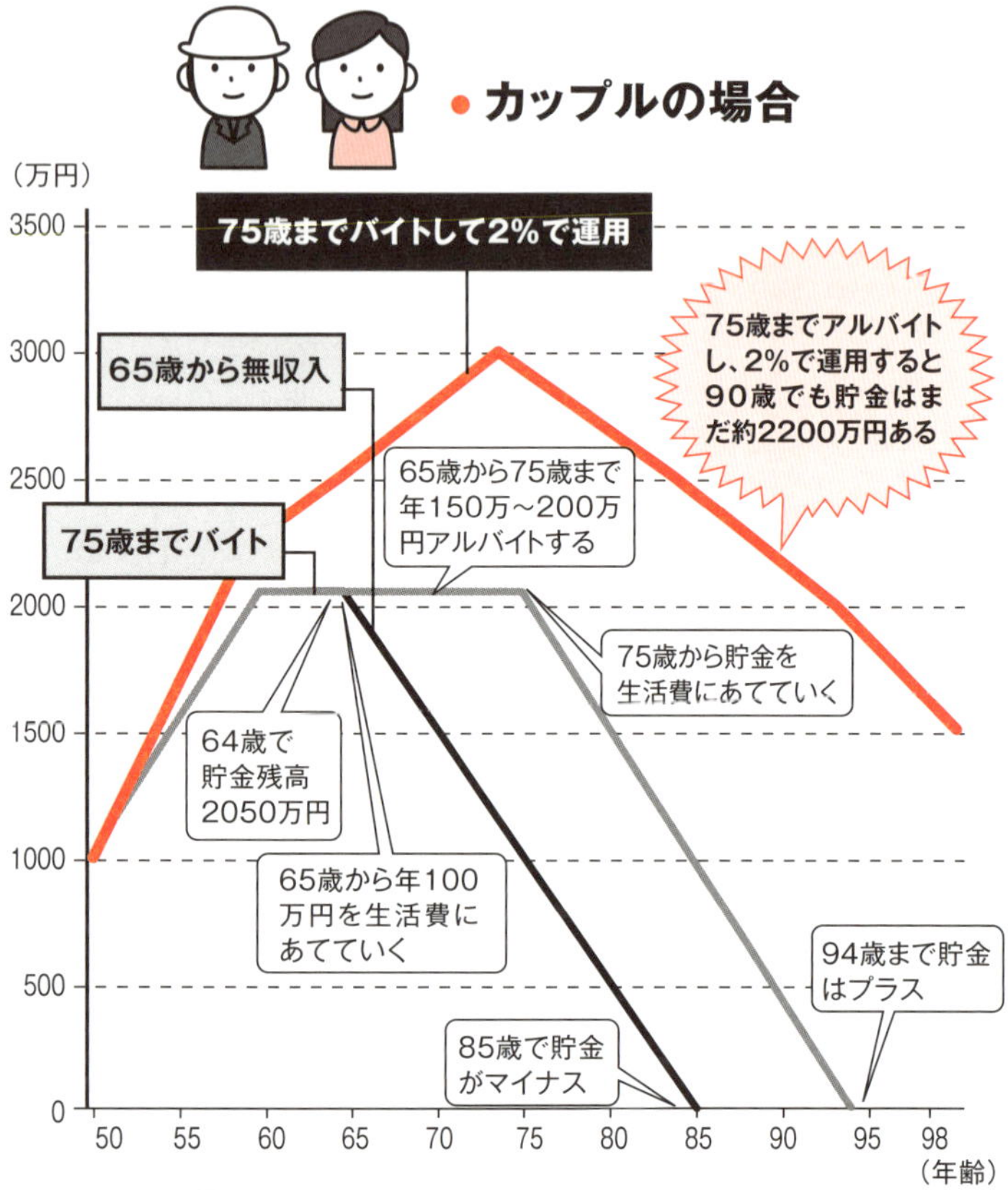

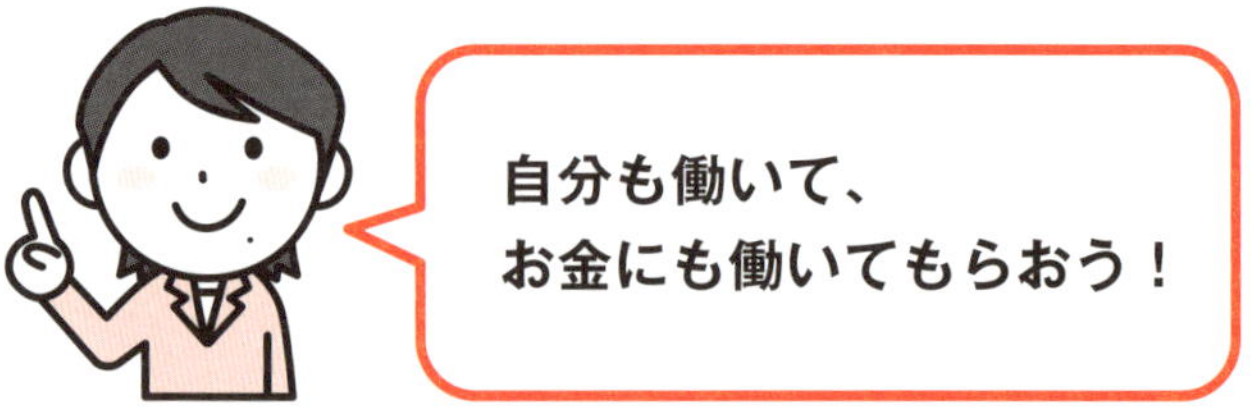

4

65歳で仕事を辞めるプランと75歳までアルバイトするプランの例

シングル

では、次のシングルのケースを見てみよう。

前提は次の通り。

- 50歳での貯金残高が５０００万円ある
- 50歳から59歳まで、手取り年収は３５０万円で年54万円（15％）を貯金する
- 60歳から64歳まで、収入が減るので貯金しない
- 退職金は、予備費やゆとり費にあてるので計算に入れない
- 65歳からの年金は１４０万円で、生活費は２２０万円とする（生活費の不足額はマイナス80万円）

まず運用利率０％（インフレ率と同じ）として見てみよう。

年金を受け取り始める前の64歳時点で、貯金残高は１０４０万円。**アルバイトせずに65歳から年80万円を引き出して生活費などにあてると、貯金は78歳でマイナスに**。

一方で、**65歳から75歳まで年１２０万円アルバイトして**、貯金を崩し始める年齢を75歳とすると、**75歳まではゆとり費を年40万円使った上で、貯金は87歳までプラスのまま**。

次に、運用利率２％で見てみよう。

シングルの場合ももちろん、資産を２％で運用できると様子はかなり変わってくる。**アルバイトをしない場合でも、貯金は84歳までプラス**＊。アルバイトをして運用すると１００歳まで生きてまだプラスだ。シングルは75歳までのアルバイト＋運用は必須。頑張ろう。

＊ この試算結果は、左ページのグラフには記載していません。

シングルが75歳まで働いて運用すると100歳まで大丈夫

●シングルの場合

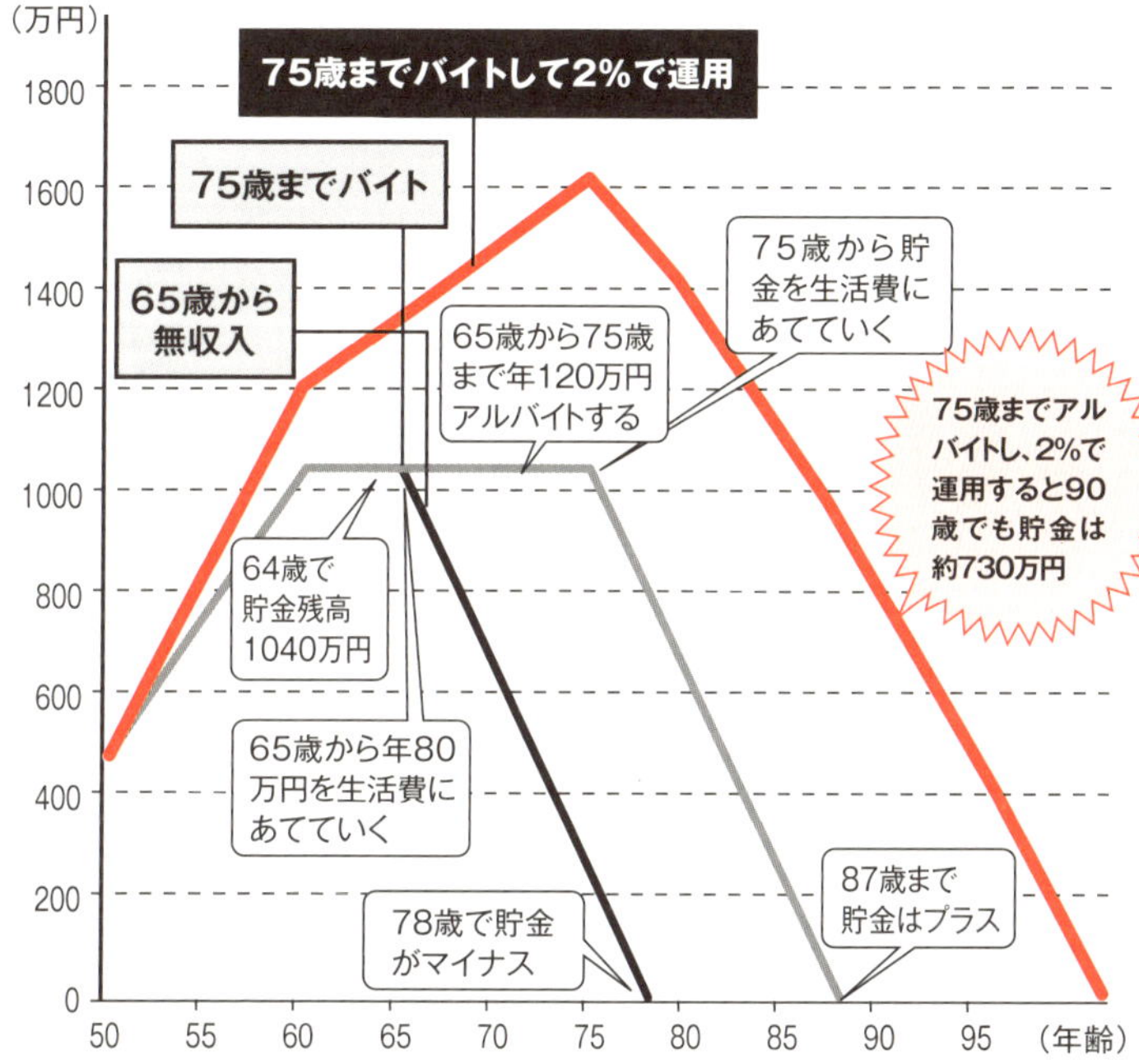

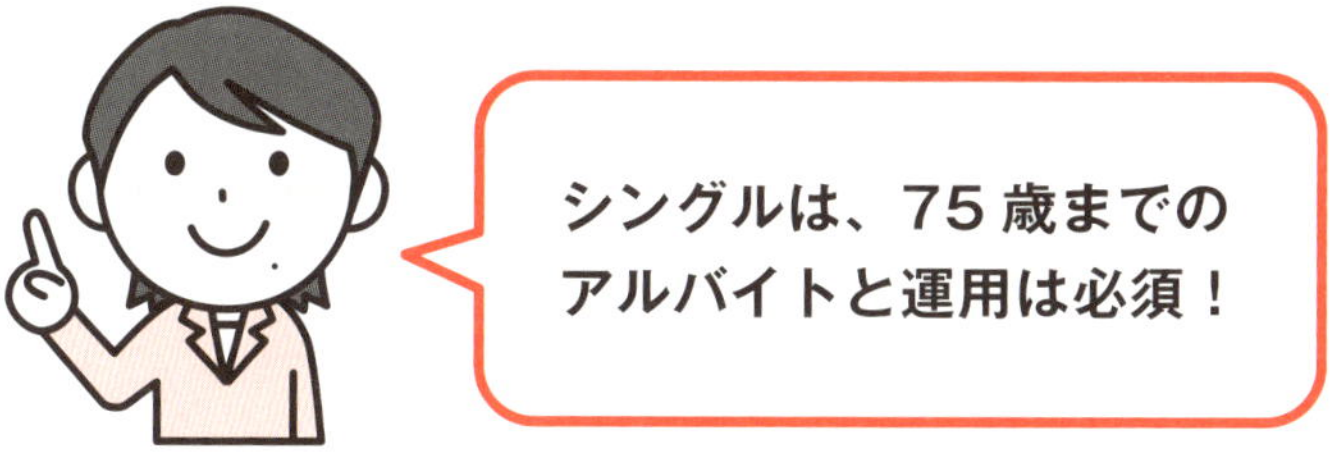

5 いままでの経験や知識を生かして、新しい働き方を考えてみよう

自営業、フリーランスの人。そういう働き方をしたことがある人は、65歳以降に働き続けるイメージを持つのは、そんなに難しくないだろう。

ずーっと会社員、公務員一筋できた人には、少し難しく感じられるかもしれない。心配には及ばない。味方はたくさんいる。覚えておいてほしいのは、**たくさん稼がなくていい**。月10万〜20万円でも十分ということ。**楽しく長く働ける場を探そう**。

●ハローワーク

日本名は公共職業安定所。転職などでお世話になった人もいるだろう。ここは、当然だけど昨今シニアの採用にも力を入れている。**70歳くらいまで働ける求人も珍しくない**。いままでの経験を生かした職を探してもいいし、無料の職業訓練を受けて新分野に挑戦してもいい。勤め先と相性が合えば、70歳以降も働き続けられるチャンスもあり。

● **シルバー人材センター**

各市町村などにある都道府県が認定する公益社団法人。**主に60歳以上の人に仕事を紹介**している。世田谷区では、区立の駐輪場の管理は、この方々（主に男性）がやっておられる。女性は家事援助の需要が多い。腕に覚えがあれば、大工仕事や植木の剪定《せんてい》なども。

● **外食、コンビニ系でアルバイト**

２０１７年現在は、外食産業もコンビニエンスストアも慢性的な人手不足。マクドナルドなど**一部の企業は65歳以上のアルバイト採用にも積極的**だ。アメリカでは70代のウェイトレスは珍しくない。きれいにメイクアップした高齢の女性をよく見かける。テーブルで世間話などして、楽しかったときはちょっと多めにチップを置くことにしている。

● **ネットビジネス**

もともとＩＴ系に強い人なら、**職歴を生かしてフリーランス**でデータ分析やウェブサイトの制作管理などを請け負うことができるだろう。ＩＴ系の経験が浅くても、友人に助けてもらったり、既存のサービスを使えば、自分で制作したものやサービス、アイディアを

ネットで販売するのは比較的簡単だ。興味があれば、その分野の技術を身につけて、退職後に独立起業も夢じゃない。起業コストを小さく、ビジネスリスクも小さく始めよう。

●フリーランス、起業

個人的に、編集者、ライター、写真家などの職業の人とのお付き合いが多いが、出版社などに勤めていた人が、退職してフリーランスで仕事を続けるケースは珍しくない。メーカーに勤めていた人が、退職後にひとり会社をつくって、元の勤務先から仕事を受注しているケースもある。いまの職場で実績をつくっておけば、**いまの会社や取引先が、退職後のあなたのお客に**なってくれる。そのつもりでいま働こう。

●求人ウェブサイト

高齢者もパソコンやネットを使いこなす時代だ。ネットでの高齢者向け求人の情報も充実しつつある。50代は、ときどきこういうサイトを見てみるといい。退職後ではなく、いま、60代以降を見据えた転職ができるかもしれない。高収入の役員クラスの人なら、**転職サイトに登録**することで、収入アップ待遇アップのヘッドハンティングも期待できる。

新しい働き方にチャレンジしよう

ハローワークへ行く
シルバー人材
センターに登録
外食、コンビニ系で
アルバイトする
ネットビジネスに挑戦
フリーランス、起業する
求人ウェブサイトに応募

コラム

自分の健康と人間関係が最大の財産！　手入れはマメに

「全世界を手に入れても、命をなくしたら何にもならない」というのは、聖書の言葉。

私の何人かの友人は、とても働き者で、世のため人のため家族のために一生懸命働いた結果、50代であっちの世界へ移ってしまった。「働きすぎよ。ちゃんと休んで」というと、「大丈夫、好きでやってるから疲れない」と笑っていたけど、体の反応は正直だった。

立派な住まいで、お金の不安もなく退職を迎えたけれど、家族との関係が冷えて、友人も訪ねてこないという人もいる。

健康も人間関係も、一瞬には手に入らない。自分の体と人間関係の手入れは、これからずっと心がけてやっていこう。手入れには、時間とお金とエネルギー、思いが必要。

人間関係はまず夫婦から。それから子ども、親。会社や仕事と無関係の友人。折を見てコミュニケーションをとり、感謝し、親愛の情を十分に表現しよう。

もし、お金と健康を失うことがあっても、愛する家族、愛する友が残れば、いい人生だったと終えられるんじゃないかな。

第6章

退職後の住まいと、住宅ローンのことはこう考えよう

住宅ローンをどうするか。退職後の住まいをどうするか。お金も暮らし方も変わってくる

1 住宅ローンを65歳までに払い終えよう

退職後の大きなテーマのひとつは、住まい。50代は、多くの人がまだ住宅ローンを払っている状態だろう。

第一の課題は、**この住宅ローンを65歳までに払い終えること**。

住宅ローンは、家計支出の中で大きな割合を占める。「**健全な返済額は手取り収入の25%以下ですよ**」、とずっと提言しているが、それを超えるローンを組む人は後をたたない。

購入時から年収が上がっている50代では、20%以下なのが望ましい。カップルもシングルにもあてはまる。これから買う人、買い換える人は、ぜひこの割合を守ってほしい。

手取り年収６００万円の家庭で年１２０万円以下、年収４００万円の家庭なら年80万円以下が理想だ。お宅はいかが。

65歳までに住宅ローンを払い終わらないと、年金生活に移行した後、毎月大きな赤字になって貯金をがんがん取り崩すことになる。左ページの図を見てほしい。

住宅ローンの有無で、生活費はこんなに変わる！

● **住宅ローンなし！**

年 必要な生活費は 360万円

住宅ローンが
終わって楽々!

● **住宅ローンあり！**

年 必要な生活費は 480万円

貯金がどんどん
減っていく

＊ 住宅ローン返済額が年120万円の場合。

住宅ローンが
65歳以降も続く人は、
いますぐ対策を！

退職後に年１２０万円のローンを5年払い続けるなら、６００万円も余分に老後資金を準備しなくてはいけない。現実には75歳までローンを払うプランの人もいる。これは大変だ！

いちばんシンプルなのは、借入先の金融機関で期間を65歳までに短くする手続きをすることだが、そのほかの方法も見てみよう。

2

繰り上げ返済をして、住宅ローンの期間を短くしよう！

もし現在の住宅ローンが65歳以降も続くようなら、「繰り上げ返済」を検討してみよう。住宅ローンを、任意のときに、予定より多く返すことで、返済期間を短くする方法だ。期間を変えずに毎月の返済額を減らす方法もあるが、ここでは考えない。

たとえば、50歳時点で住宅ローン残高が1700万円、返済期間が20年の場合（金利2%）、毎月の返済額は約8万6000円、年約103万円だ。このままだと返済終了は70歳だが、**毎月2万3000円繰り上げ返済***すると、**返済期間を5年短縮できる**。

節約など工夫して、月2万3000円を捻出し返済にあてる（繰り上げ返済する）と、期間が約5年縮まり65歳で終了する。年2回ボーナスごとに14万円を返済してもいい。

退職金がたっぷりある人は、退職時に残額約490万円を一括返済する手もある。どちらがいいか、よく考えてみよう（退職金が自由に使える方が楽しいかな）。

＊ 金融機関によって、繰り上げ返済の回数や金額に条件があったり、手数料がかかることもある。

繰り上げ返済でローン期間を短く！

50 歳時点で住宅ローン残高が 1700 万円
返済期間が 20 年（金利2%）の例

●このままだと総返済額は 2064 万円

返済額		70歳まで		総返済額
月8万6000円	×	20年	=	2064万円

繰り上げ返済をして
ローン期間を短く
すると、総返済額は

102万円
少なくなる

●繰り上げ返済でローン期間を短くすると

返済額		65 歳まで		総返済額
月10万9000円	×	15年	=	1962万円

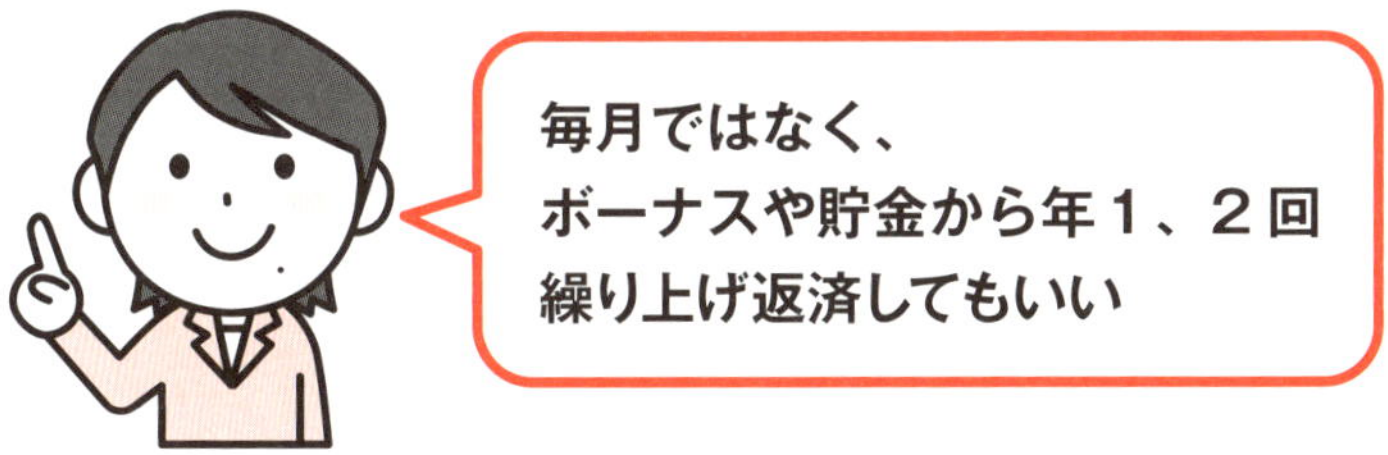

毎月ではなく、
ボーナスや貯金から年 1、2 回
繰り上げ返済してもいい

3 金利の低い住宅ローンに借り換えて、ついでに期間も短くしよう！

固定金利で借りている住宅ローンの金利が、世の中の金利相場より高ければ、ほかの金融機関の住宅ローンへ借り換えることで、利息の負担を減らすことができる。

その際に大切なのは、「毎月の返済が減って楽になった、得をした」と安心せず、借り換えのタイミングで期間を短くして、65歳で払い終えることだ。

残高1700万円。金利3％で期間20年の住宅ローンの返済月額は9万4000円。これを1％のローンに借り換えるとき、期間を15年に変更する。借り換えコストが100万円*かかったとして、返済月額は10万8000円に。1万4000円増えるが、65歳までに返済を終えることができる。

毎月のローン返済額を、月1万4000円増やすのは簡単なことじゃないが、工夫すれば不可能ではない。退職後の安心や自由を手に入れるために、努力する価値は十分にある。

* 住宅ローンの借り換えには、保証料や各種手数料などがかかる。金額は金融機関、ローンの金額、期間によって異なる。試算はコストも合わせて借り入れた場合。

住宅ローンの借り換えと同時に期間も短縮しよう

50 歳で残高 1700 万円、期間が 20 年、
3％の住宅ローンを 1％のローンに借り換えた場合

	● 3%の住宅ローンのままだと	● 1％の住宅ローンに借り換えて期間短縮すると	
完済時の年齢	70歳	65歳	返済が5年早まった
毎月の返済額	9万4000円	10万8000円＊	返済は月1万4000円増えた
総返済額	約2263万円	約1939万円	

＊ 借り換えコストを 100 万円とし、その分も合わせて借り入れた場合。

借り換えと期間短縮で、
この例では総返済額が
324 万円減るよ

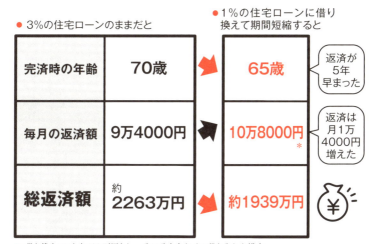

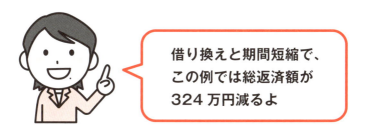

4 住宅ローンが終わらないときは、妻も働き、子どもにも協力させよう！

借り換えをしても、繰り上げ返済をしても、65歳までに住宅ローンが終わらない、という人はどうしたらいいだろう。

退職金があればいいが、ないとけっこう大変だ。以下の対策を検討してみよう。

(1)退職までの収入を増やす

いまから退職までの間のどこかで収入を増やし、それをローンの返済にあてる。妻がいま無職かパートなら仕事を始める、**仕事を増やすことで収入を増やせる**。

(2)退職後も(ローン終了まで)収入が減らない工夫をする

住宅ローンが終わらなければ、75歳まで仕事・収入確保に真剣に取り組もう。ローンを払っても赤字にならないレベルの収入を維持すべき。**再就職先探し**などを考えること。

(3)子どもに協力させる

子が就職しても自宅で暮らすなら、**家賃や食費を負担**させ、それを住宅ローンの返済に

65歳までに住宅ローンが終わらない人の選択肢は4つある

1. 退職までの収入を増やす
2. 退職後も収入が減らない工夫をする
3. 子どもに協力させる
4. 家を売って、安い物件に買い換える

あてよう。月６万円として年72万円、５年で３６０万円。かなりの足しになるはずだ。

(4)家を売って、安い物件に買い換える

退職時にローンの残る住まいを売って、安い物件に買い換える手も有効だ！

５００万円のローンが残る時価４０００万円の自宅を売って、３０００万円の物件を買って住み替えれば、ローンはなくなり、数百万円の現金が手元に残る。**売り急ぐと安く買い叩かれる**ので十分に時間をみよう。

5 いまの住まいが持ち家の人。退職後の住まいはこう考えよう

50代のいまは、退職してからの住まいをどうするか、まだ決めなくていいが、退職に向けていくつかの選択肢を考え、少しずつ方向性を定めていくといい。**夫婦で思惑が違うことも多い**ので、退職直前にあわてないよう、折を見て話しておこう。ただし、いろいろ考え計算した上で「このままだと老後資金が足りない！」というなら、9章の「自宅の資産価値を生かす」を読んで、対策を講じてほしい。

(1)そのまま住み続ける。いずれは子どもにゆずる

いまの住まいが気に入っている。資産価値もあるから、いずれは子どもにゆずりたい。ゆずり受ける子どもはラッキーだが、**「親と同居」を条件に出してはいけない**。「あなたが望めば、将来ここで、同居を考えてもいいよ」くらいに留めておく。

(2)そのまま住み続ける。いずれは売却して、老人ホーム入居費用にする

元気なうちは、いまの住まいに住むが、いずれは売却して老人ホームに入居する費用にあてる、というのは、シングル、子どもがいない夫婦にとって、現実的で合理的な手段だ。子どもがいても自宅は残さない、老後は施設で暮らすという夫婦も増えている。これも合理的。退職のタイミングで、自分たちの心づもりを子どもに伝えよう。

(3)退職後に売却して、別の物件を買う

郊外へ越す。退職したら通勤しなくていい。退職したら住みたかった土地に住んで、長年の夢を実現したい。釣り、野菜をつくって自給自足、絵描き、陶磁器づくり、いろいろ。

都心へ越す。逆のパターンもある。手入れやメンテナンスが大変な一戸建てから、管理の行き届いたマンションへ。車が必需品だった場所から、**車なしで生活できる都心へ**。

実家へ越す。歳をとってから、過疎が進む田舎の実家へ帰るのは、だんだん難しくなってきた。医療や交通機関、公共サービスがどんどん手薄になっていて、この傾向はもっと進みそうだ。

生まれ育った土地に戻るプランは慎重に。

実家に住むことにこだわるより、その近くの地域で、車なしで生活でき、医療や公共のサービスが安心できるところを探すのが、安心だ。

持ち家がある人は、退職後の住まいの選択肢も豊富

その1

そのまま住み続ける。
いずれは子どもに
ゆずる

その2

いずれ売却して、
老人ホーム入居費用
にあてる

その3

退職後に売却して、
別の物件を買う

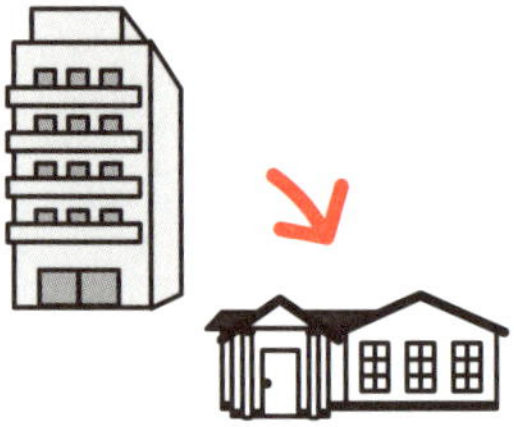

持ち家は財産！
選択肢も豊富だ

6 いまの住まいが賃貸の人。退職後の住まいはこう考えよう

年金生活になったとき、**いまの家賃を払い続けられるか**、それとも**家賃負担を減らしたいかで、住まいのプランが変わってくる**。よく考えて！

いろいろ考え計算したら老後のお金が足りないぞ、という人は、9章の「自宅不動産がない人の対策」で、家賃支出を減らす工夫をしよう。

(1)そのまま住み続ける

いまの賃貸の住まいが気に入っている。年金生活になっても、家賃を払い続けることはできる。というなら、いまの賃貸の住まいに、ずーっと住むというプランでOK。**更新料も計算**に入れておくべし。

(2)退職後に現金で住まいを買う

会社からの住宅補助がたっぷりあった、買いたい物件に巡り合わなかった、下がり続ける不動産を買うのは割に合わないと思った、などいろんな理由で退職まで住まいを買わなかった人が、退職を機に、自分の住まいを買うのも悪くない。

現金で買うのが現実的だろう。地方なら1000万円以下で買える物件もある。

通勤の便を考えなくていいから、現役時代より柔軟に住む場所を選べる。退職までの貯金額や年金額と見合わせて、無理のない物件を選ぼう。将来、体が不自由になるリスクを考えると、**コンパクトで交通の便がよいことは必須条件**だ。

(3)別の賃貸物件に引っ越す

現役時代は、通勤や仕事に便利なところに住みたいが、一線を退いたら、空が広いところ、自然が豊かなところ、のんびりできるところに越したい、と思う人も多い。

住みたいところに引っ越して、家賃も下がれば一石二鳥だ。

家賃を想定して、引っ越した後のシミュレーションをしてみよう。

賃貸住まいの人は、家賃支出を減らす工夫を

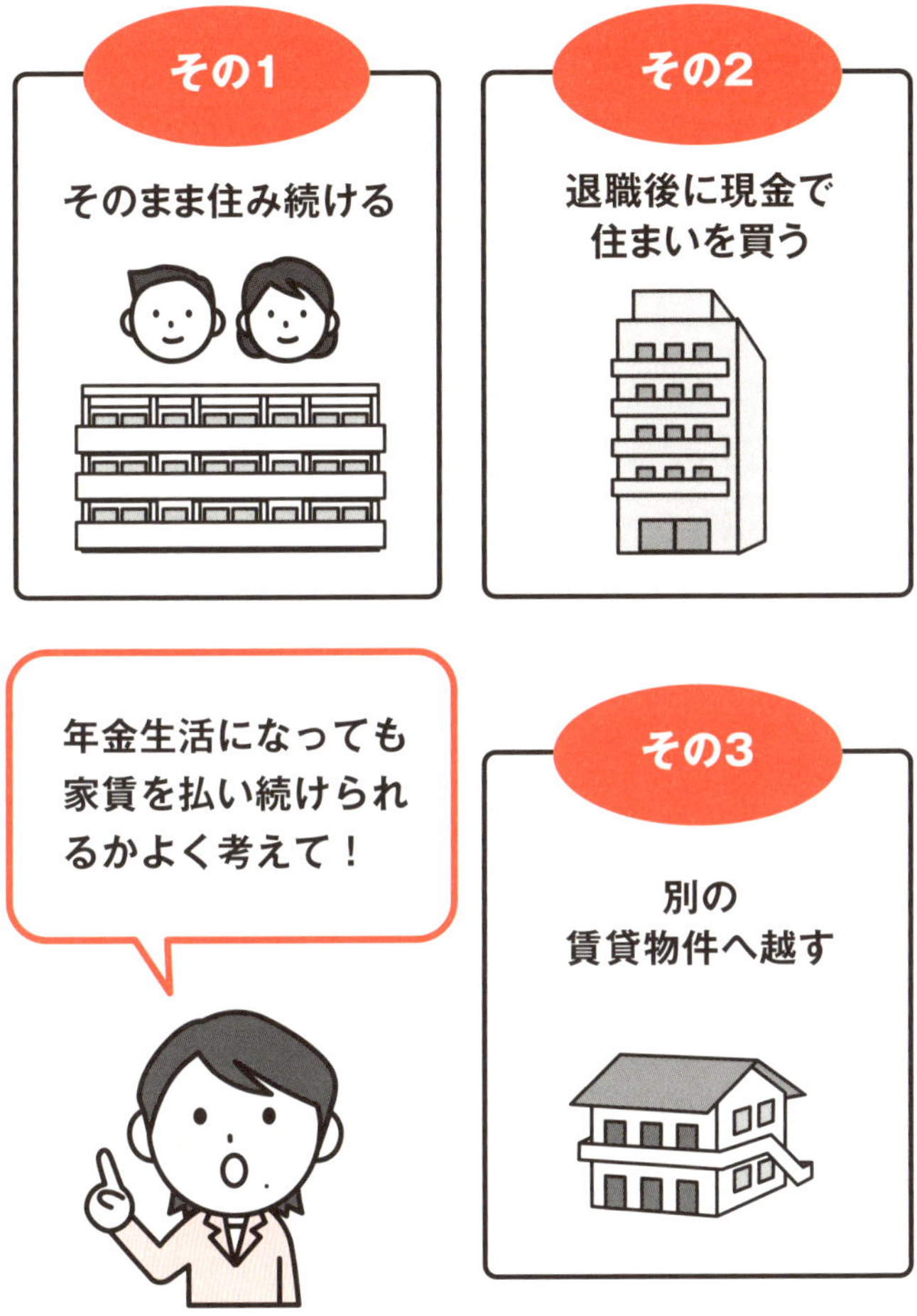
その1
そのまま住み続ける
その2
退職後に現金で
住まいを買う
年金生活になっても
家賃を払い続けられ
るかよく考えて！
その3
別の
賃貸物件へ越す

コラム

子どもが巣立った後の空き部屋を活用しよう！

50歳では、まだ在学中の子どもと同居していても、やがて子どもも巣立っていく。

子どもが使っていた部屋が空いたら、これを自分たちの書斎や趣味の部屋として使ってもいいが、この部屋に働いてもらって、老後資金の足しにする方法がある。民泊だ。

民泊は、部屋を旅行者に一泊いくらで貸し出すしくみ。日本を訪れる海外からの旅行者が増えて、ホテルが足りなくなっているので、交通の便がそこそこよければ、首都圏でも地方でも需要があるはずだ。法令も整備されつつある。

ネットでＡｉｒｂｎｂ《エアビーアンドビー》などの業者に登録するだけで、貸したい部屋の情報がウェブサイトに掲載され、旅行者から業者を介して、問い合わせや申し込みが入る。入金も業者から。

この方法なら、子どもが帰省してくる時期や、親戚や友人の宿泊があるときは、部屋を貸さなければいいので有効に使える。一泊３０００円で月に10日間稼働すれば、月３万円の収入。年36万円。夫婦で年１回の海外旅行に行けるくらいの金額だ。

海外のいろいろな人と、知り合えるのも楽しみ。

マンションの場合でも、管理規約で許可があれば営業できる。確認してみよう。

第7章

生命保険をもう一度見直そう

年50万円の生命保険料は、明らかに払いすぎだ

1

生命保険は最低限にカット！65歳以降は保険料もゼロにしたい

50代で生命保険に加入していない家庭は、まずないだろう。一方で、加入している保険の内容を、きちんとわかっている人は少ない。

生命保険文化センターの調査*で、生命保険料の全国平均は50代前半で年約50万円。65～69歳で約34万円も払っている。これを必要な掛け捨て保険だけに絞れば、50代で年15万円以下に、65歳以降では10万円以下にできるはずだ。貯蓄型の保険（年金保険、終身保険など）の保険料はここでは含まない。

保険料の支払いは、できれば65歳以降はゼロにしたい。ただ、**40代までに対処すれば「65歳以降は保険料ゼロ」が実現できるが、50代以降に新たに医療保険や終身保険に入ると、そうするのが難しい**こともある。75歳まで払うとか、終身払いとかを選ぶことになる。そのときは保障を欲張りすぎず、65歳以降の保険料の支払いが負担にならないようにすることが大切だ。

* 生命保険文化センター「生命保険に関する全国実態調査〈速報版〉平成27年度」より。

年齢によって、保険料は減らせる！

50代の生命保険料の目安	65歳以降の生命保険料の目安
年15万円以下に＊	理想はゼロ！ 無理なら 年10万円以下に

＊ 貯金型の保険（年金保険・終身年金など）は除く。

2

生きるため、死んだときのため。生命保険には、目的と種類がある

生命保険は、生きるための保険と、死んだときのための保険がある。また、お金を貯めるための保険もある。

生きるための保険の代表は、**医療保険**、**がん保険**だ。病気やけがで入院・手術をしたときに、入院・治療費用にそなえるための保険。夫も妻も、独り者も、これはひとつ、ふたつ確保しておきたい。

死んだときのための保険は、**定期保険**や**終身保険**がある。被保険者（保険の対象となる人）が亡くなったときに、遺族に死亡保険金が払われる。子どもの教育費や生活費を残すため、葬儀費用を残すために使う。相続税の準備のためにも使うことができる。

いまある保険を見直すにも、これから加入するにも、保険の目的をはっきりさせよう。

生きるための保険は必須！　夫も妻もシングルも入ろう

1 生きるための保険（自分のため）

- 医療保険
- がん保険
- 介護保険など

2 死んだときのための保険（子どもやパートナーのため）

- 終身保険
- 定期保険
- 定期保険特約付き終身保険

3 お金を貯めるための保険

- 学資保険（こども保険）
- 年金保険
- 養老保険

自分が加入している保険の目的と種類を確認してみよう

50代で必要な死亡保障はゼロでも十分

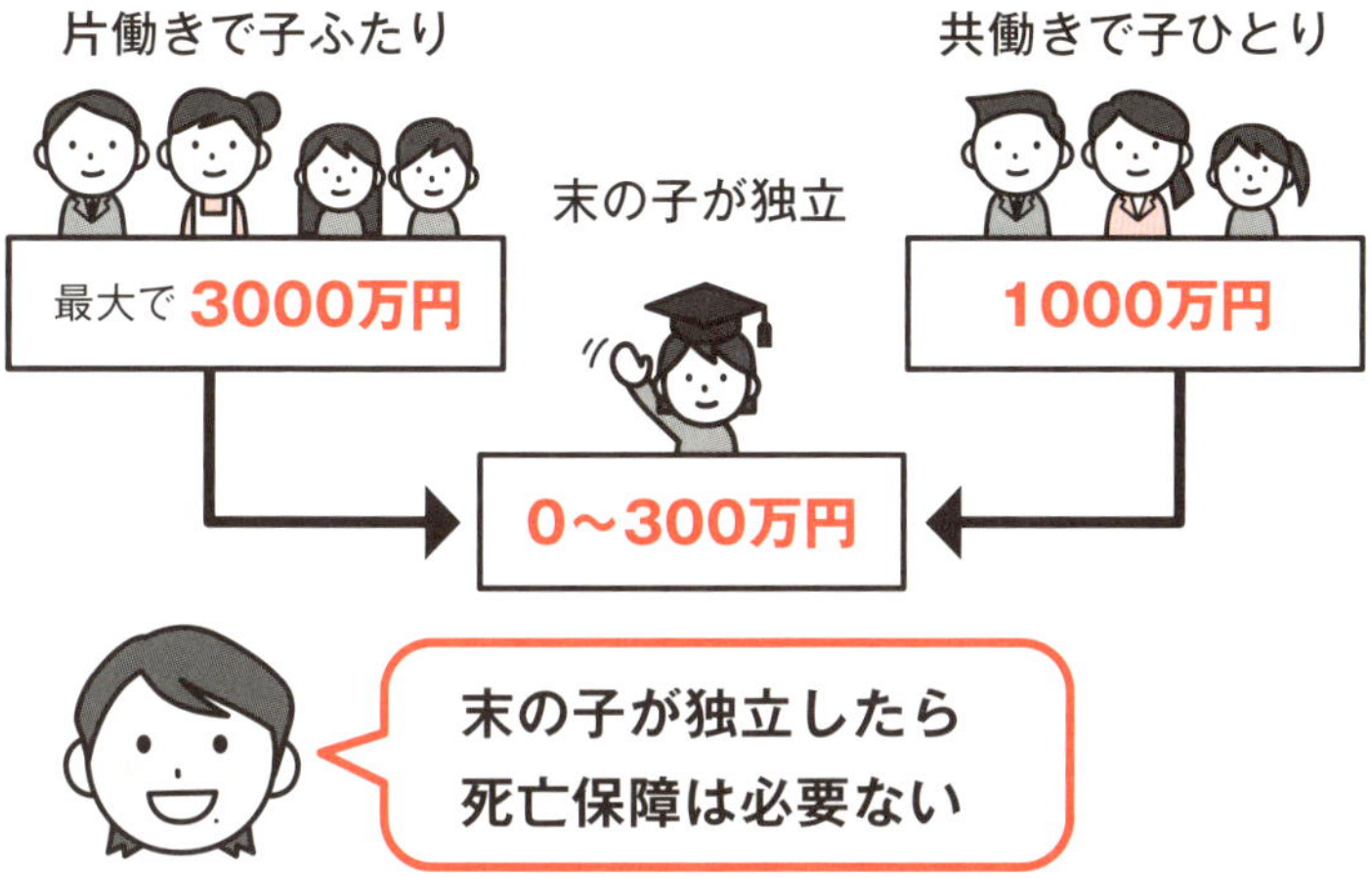

いま5000万円以上の保障があれば、「減額」して、1000万〜3000万円にしよう。そして、末の子が独立するタイミングで解約する。

「死亡保険金ゼロになって、遺された配偶者は暮らしていける？」と心配する向きもあるかもしれないが、このころまでには**ふたり分の老後資金がほぼ貯まっている**。それをひとりで使えるのだから大丈夫、**全然心配ない**。

ただし、子が独立した後も葬式代として100万〜300万円くらいの終身保険を残してもいいだろう。

4 いま加入している終身保険。葬式代にあってもいいが新規加入は不要

「**60歳以降は死亡保障ゼロで大丈夫**」というと「葬式代はどうするんだ」と心配する声が聞こえてくる。その人が残した貯金の範囲内でやればいい、というのが私の持論だ。

現役を退いた後の葬式は、たいてい親戚や近しい友人だけにものになるから**100万円もあれば形を整えられる**。一部の保険会社がいうように300万円も用意する必要はない。

とはいえ「遺族にお金の心配はかけたくない」「確実に葬式費用を現金で残したい」という希望なら、「終身保険」を使おう。解約しない限り、確実に死亡保険金が払われる。

もともと「定期保険特約付き終身保険」に加入していれば、**定期保険特約が終了した後の終身保険をそのまま持ち続ければいい**。**子が独立したのに、まだ高額な（数千万円の）死亡保障が続くなら定期保険特約だけを解約**すればいい。ただし、保険の見直し（減額や特約を外すこと）にはさまざまな制約があることも多い！　保険会社に問い合わせても希望通りに変更できないときは、信頼できるＦＰに相談するといい。

50代で終身保険の新規加入は不要！

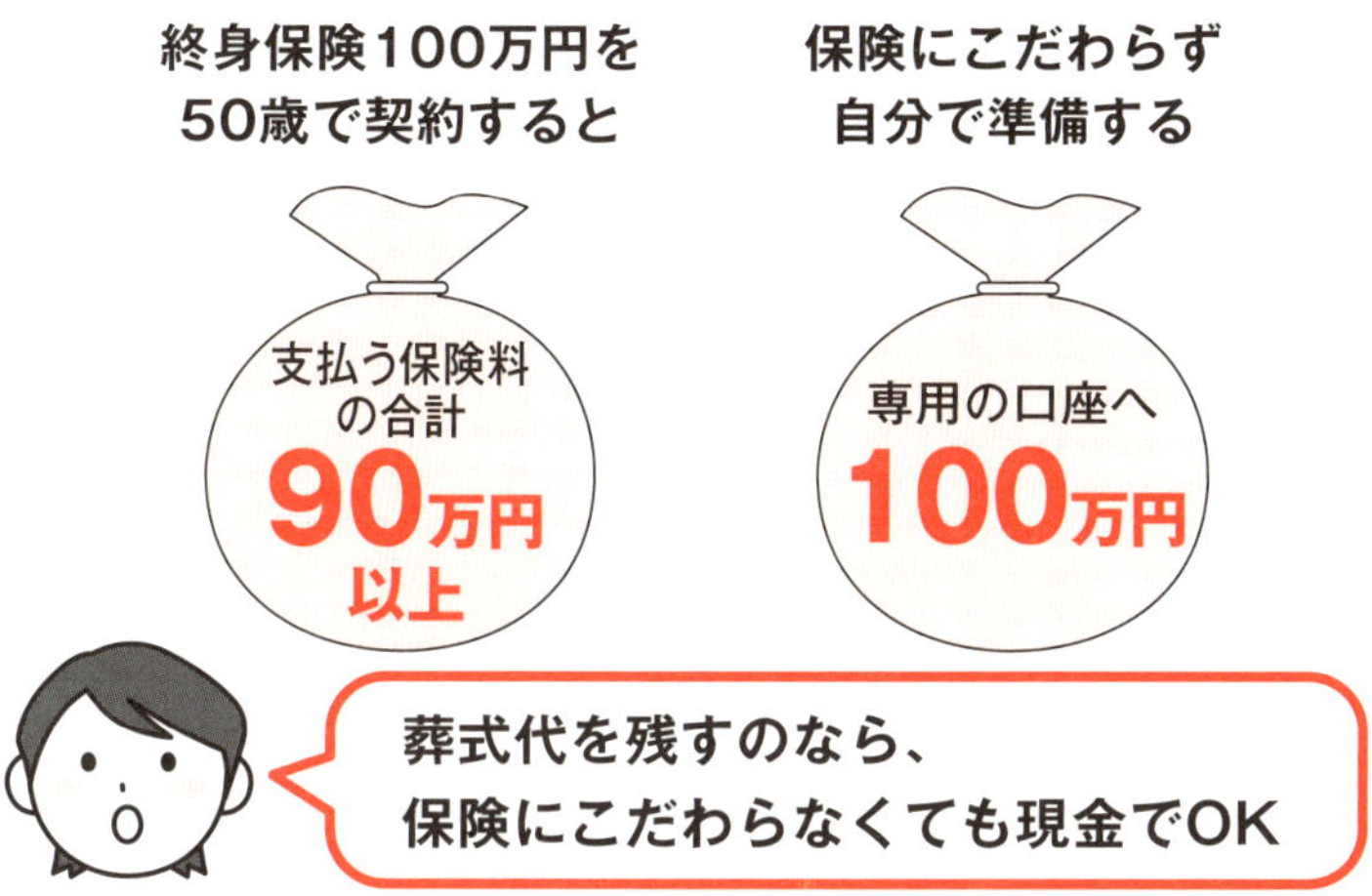
終身保険100万円を
50歳で契約すると
支払う保険料
の合計
90万円
以上
保険にこだわらず
自分で準備する
専用の口座へ
100万円
葬式代を残すのなら、
保険にこだわらなくても現金でOK

終身保険を新たに契約することもできる。保険なので健康であることが条件。保険料は安くない。50代で契約すると、保険金額100万円に、払い込む保険料の合計額は90万円を超える（年払い。65歳払い済みの場合）。かんぽ生命のように、払い込む保険料の合計が106万円を超える保険もある。

保険にこだわらず、**100万円を専用の口座に入れておき「葬式代にあてるべし」と遺言を書いておけば、それで十分だ。**

5 医療保険は1日5000円が目安！入院用に50万円とっておくのもあり

これまで入院したことはない、という人も（私もそうだが）、60代、70代、80代と歳を重ねると、入院したり手術したりする可能性はどんどん高くなる。

そのときに、入院日数や手術に応じて給付金が払われる「医療保険」がひとつあると安心だ。**すでに医療保険に入っているなら、続ければいい。解約しない予定の終身保険に、医療特約がついていれば、それを生かせばいい。**

問題1は、いま医療保険がない場合。

問題2は、60歳満期など、保障が切れる保険に医療特約がついている場合。主契約の保険が満期になると同時に医療の保障もなくなる。

どちらも対策は、いますぐ医療保険に加入する。その上で、2の人は医療特約を解約する。50代での加入は保険料がかなり高いので1日でも早い方がいい。保障は1日5000円で十分（お財布にゆとりがあれば1万円をどうぞ）。保険料の支払いは、できれば65歳までとしたい。ただし、終身払いに比べて月払い保険料が高くなるので、場合によっては、終身払いを選ぶのもやむをえないだろう。

ところが50代では、病歴や健康状態から医療保険を契約できない人、申し込んでも断られる人が少なくない。これは困った。基準のゆるい「緩和型医療保険」、無条件で加入できる「無選択型医療保険」もあるが、一般の医療保険より保険料がかなり高くなる。だいたい月1万円以上に。

であれば、貯金の中から50万~200万円を、「入院や手術したとき用」に取り分けておく方法でもいい。月1万円の保険料を、50歳から90歳までの40年間払うなら合計480万円だからね。

日本の公的健康保険制度は（高齢化で危機に直面しているとはいえ）すばらしい制度だ。高齢者に優しい。**退職後の医療費は、仮に医療保険がなくても、まず心配ない。**

6 がん保険は、あると安心。先進医療だけの保険も登場

長生きをするほど、がんになる確率は高くなる。がんは一般の病気よりも治療費がかさみ、治療期間が長くなる傾向がある。ということで、がんに特別なそなえをしたい人も少なくない。

そのため、**「がん保険」を契約する方法**と、**医療保険に「がん特約」をつける方法**がある。

ここでは、がん保険を見てみよう。がんに特化している保険なので保障が充実している。がんと診断されたとき、がんで入院したとき、手術したとき、入院後の通院、通院による放射線治療、抗がん剤治療を受けたとき、などに給付金が払われる。**健康保険が適用されない高度先進医療の費用もカバーされる保険が多い**。

完璧な保障のがん保険を契約しても、交通事故や心臓病で死ぬかもしれないから、がん保険を契約する場合も、入院日額1万円程度で十分だと考える。保険料を抑えるためには、**入院日額5000円でもOK**だ。

がん保険は、入院日額5000円でOK

● アメリカンファミリー「生きるためのがん保険 Days」Bプラン（入院日額 5000 円）の例

保障内容（がんの場合）	金額
診断給付金	100 万円（上皮内新生物の場合10万円）
入院給付金	日額 5000 円
通院給付金	日額 5000 円
手術給付金	1 回 10 万円
放射線治療	1 回 10 万円
抗がん剤治療＊1	月＊2 5 万円・2 万円

＊ それぞれ日数制限や支払い条件がある。詳細はウェブサイトで確認を。
＊1 抗がん剤治療のみ保障期間 10 年更新、それ以外は終身。
＊2 入院しなくても治療を受けた月ごと。2018 年 1 月現在。

50歳以降でのもうひとつの選択肢は、「先進医療だけを対象とした保険」の契約だ。

健康保険制度でカバーされない先進医療を受けると、治療費が高額になるので、その費用に絞って保障する保険だ。

損保ジャパン日本興亜ひまわり生命が、『Linkx coins《リンククロスコインズ》』をインターネット申し込み専用で販売している。**保険料は月500円**。医療保険にプラスして入ってもいいし、医療保険もがん保険もない人、加入できない人が、これだけ入ってもいい。

でも医療保険はお守りじゃない。食事・運動・休養の基本の健康管理を怠らないことが第一だ。

7 あなたの年金保険は大丈夫？種類、何歳から、金額を確かめよう

30代や40代で「年金保険」など、老後のお金を貯めるための保険に加入して、保険料を払い続けている人は多いだろう。これらも内容をよく理解していない人が多いので、保険証券を引っ張り出してきて、いまいちど保険の内容を確かめてみよう。

確かめたいのは、次のふたつ。

(1)保険の種類は何か

本人が「年金保険」だと思って契約した保険が、実は違う保険ということがよくある。正体は、いろいろな特約がついた「終身保険」のことが多い。60歳か65歳まで保険料を払い、払い終わった時点で終身保険で貯まった分のお金（解約返戻金）を年金に移行する。「年金として受け取れるなら、別に元が終身保険でもいいじゃない」というのは間違いで、**最初から「年金保険」を契約する方が、もらえる年金額はずっと多くなる。**見直そう。

そもそも死亡保障が目的で終身保険に入った人も困る。年金に移行したら死亡保障がなくなってしまう。

この罠にかかっていたなら、対策が必要。終身保険は**払い済み**にして、あらたに年金保険に入るか、投資信託やｉＤｅＣｏなどで老後のために積み立てると、はるかにいい結果になる。少々複雑なので、ＦＰに相談した方がいいだろう。

(2)何歳から、いくら受け取るか

若いときに契約した年金保険は、年金の受け取りが60歳からになっているものが多い。期間が10年なら70歳で、15年なら75歳で年金が終わってしまう。老後は75歳からなのに！

年金開始は早くても65歳からにしたい。ふつうは保険料を払い終わった時点で、年金開始の年齢を見直し、変更することができる。60歳時点で働き方やお金の見通しによって、まずは65歳に、またはそれ以降に変更しよう。

年金の
受け取り開始が
早すぎると
困ったことに

コラム

保険会社の介護保険はお勧めしない

「介護が心配だから、介護保険に入りたい」という相談をときどき受ける。そのニーズを受けて、保険会社は、要介護状態になったときのための保険を売り出している。保障の内容はさまざま。

たとえば、「終身保険」のバリエーション。基本は終身保険なので、（契約金額200万円なら）亡くなったときには200万円が支払われる。一定の要介護になったときは、年50万円など一定額が亡くなるまで支払われる。ただし、このときは死亡保険金は支払われない。

私は個人的に、保険会社の介護保険は勧めていない。

理由のひとつめは、保険料が高いこと。ふたつめは、要介護になったときは本人の「退職後の生活費分」を介護の費用にあてれば、十分払えると考えるから。

要介護になって介護保険を利用すると、利用料の上限は、いちばん重い要介護5の場合で、月約3万6000円（1割負担の人の場合）。これと別に月10万〜15万円あればだいたいの費用はまかなえるだろう。これはそもそも生活費として準備しておく金額。つまり、本人の年金と蓄えでまかなえる金額だ。

「あれば安心だけど、なくても平気」の保険は多い。介護保険もそのひとつだと思う。

3 遺族のための死亡保険は、子が独立したら解約か減額しよう

死亡保険の基本は、「定期保険」と「終身保険」。このふたつを組み合わせた「定期保険特約付き終身保険」などバリエーションがいろいろある。

定期保険は、保障期間が10年、あるいは60歳までなどと決まっていて、**子どもの教育費や遺族の生活費を残すのに適している**。

たとえば教育費として、子どもが22歳になるまでひとりあたり1000万円。遺族の生活費は共働きなら不要だが、妻が無職やパートなら、60歳まで1000万円程度あれば大丈夫だろう（18歳未満の子がいる妻には「遺族基礎年金」が、夫が会社員の場合は加えて「遺族厚生年金」が払われる）。

なので、50代では必要な死亡保障額は多くても3000万円（専業主婦と子ふたりの場合）。共働きで子がひとりなら1000万円。**子どもが独立すると、必要な保障額はゼロになる**。

第8章

子どもの教育費と親の介護費はこう考えよう

50代は、子どもの教育費に最もお金がかかる時期。親の介護や、自分の死後についても考えよう

1

子どもにお金をかけすぎると自分の老後資金が危うくなる！

50代の親たちに、口をすっぱくしても伝えたいのは「子どもにお金をかけすぎるな！」ということ。特に35歳以降、遅く生まれた子には要注意。親の収入が高い40代、50代に小中高、大学と進むので、つい教育費にたっぷりかけてしまう。その分、自分たちの老後のそなえが薄くなってしまうぞ。

自分の老後資金VS子の教育費。はっきりいおう。子どもより我が身が大事だ。お金をかけても、子どもにとっていい結果になるとは限らない。

経済学的に見ると、投資金額に比例して見返りへの期待が大きくなる。子どもにかけた金額に比例して期待は膨らむ。いい大学に進み、いい会社に入り、高い収入をもらい、出世して、親孝行して、いずれは親と同居して、孫は、お墓はと、期待は限りなく続く。期待に潰される子どももいる。不登校、引きこもり、うつ、もっと……。

子どもに期待しない、子どもにお金をかけないことが、実は真の愛情表現かもしれない。

子どもの教育費はかけすぎない！

○ 自分の老後に十分そなえられて
心も穏やか

× 子にお金をかけると
過度の期待をしてしまう

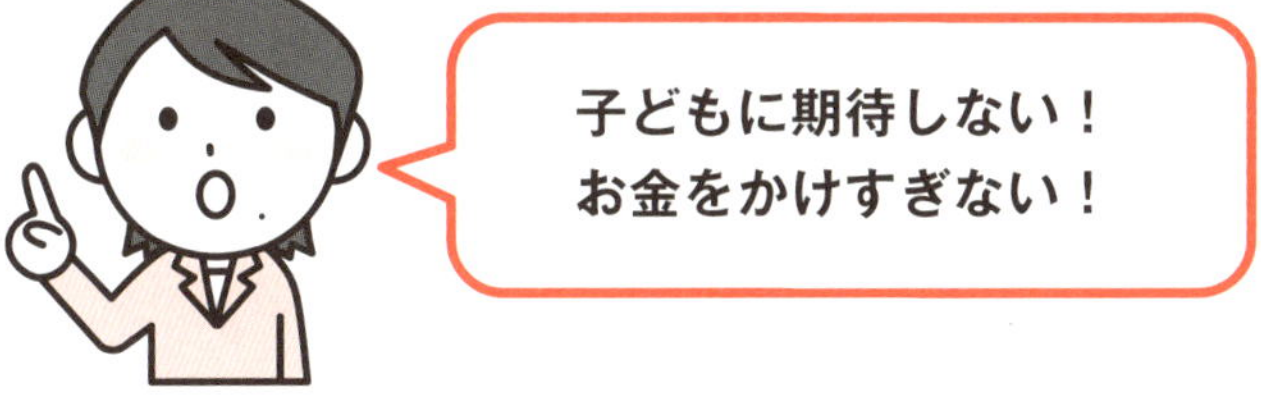

2 子どもが18歳になるまでに、250万〜1000万円貯めよう

ひと昔前まで、50代の人に教育費の話をする必要はなかった。50歳には子どもが大学を卒業しているか、遅くとも大学在学中だったから。いまの50代は晩婚・晩産で、子どもがまだ小学生、中学生という家庭も少なくない。そこで、簡単に大学の教育費用の話を。

● **ケース1　大学にかかる費用の半分を貯める**

おおざっぱに大学4年間にかかる費用は、**学費と生活費を含めて500万（自宅から国公立へ）〜1000万円（自宅外から私立文系へ）**。この**半分を子どもが18歳までに貯めておこう**。残り半分は、子が在学中の親の収入、子のアルバイト代でまかなえばいい。

そこで大切なのは、**高校生までは**学費や塾などの支払いに**貯金を崩さない**こと。貯金を崩さず、大学の費用と自分の老後費用を貯金できる範囲で、子どもにかけるお金を決める。かけすぎない、かけすぎない。

大学4年間にかかるお金は500万～1000万円が目安

❶ 親が65歳までに子どもが大学卒業する場合

子ひとりに **250万～500万円貯める**

残り半分は、親の収入と子のアルバイト代でまかなう

❷ 親が65歳以降に子どもが大学卒業する場合

子ひとりに **500万～1000万円貯める**

親の収入がなくなる分、全額貯めるのが目標

●ケース2　大学にかかる費用の全額を貯める

ただし、**親の退職後も教育費がかかる家庭は要注意**。子どもの在学中の費用を、親の収入から出せなくなる。その場合は大学在学中にかかる費用の全額を貯めることを目標とする。つまり子ひとりあたり500万～1000万円が貯金の目標となる。

そんなの無理？　であればできる範囲で貯めて、足りない分は142ページのように子どもが奨学金を借りる、アルバイトで補う形を考えよう。

3 奨学金は子ども自身が借りる！最後の手段は国の教育ローン！

奨学金を利用する学生が増えている。いいことだと思う。高等教育にお金を使うのは、将来のための投資。大学資金の一部を自分で払い、後から自分で返すことは、勉強の目的をはっきりさせ、将来を真剣に考えることにつながるはず。

日本学生支援機構の貸与奨学金の利用者は、短大・大学生の2・7人にひとり、大学院生の3人にひとりとなっている（2015年）。2017年度からは、収入の少ない家庭（住民税非課税世帯など）を対象に給付型の奨学金が試験的にスタートした（2018年度から本格実施）。

日本学生支援機構のほかにも、**学校や財団が独自の奨学金制度を実施**しているので、子どもが受験する頃には、情報を集めて片っ端から応募させよう。

ありがたい奨学金も、借りすぎると就職後の生活が返済で大変になる。月10万円借りられても、節約やアルバイトを工夫し、**できるだけ少なく借りる**ことを心がけさせよう。

子どもの教育費が足りないときは、ここをチェック

1. **日本学生支援機構** ▶ 無利息、利息付、給付型がある
2. **学校の奨学金制度** ▶ 特待生なら返済が一部、もしくは全額免除
3. **地方自治体の奨学金制度** ▶ 貸与型が多い。その他条件あり
4. **民間団体・その他の奨学金** ▶ 成績優秀者、保護者が亡くなった場合など

奨学金を借りてもまだ足りない！　というときの最後の手段は、親が教育ローンを借りることだ。銀行やカード会社などが教育ローンを扱っているが、金利が高い。

条件が合えば「国の教育ローン」（日本政策金融公庫）を使おう。こちらのローンも「余裕を見て多めに」ではなく、1万円でも少なく借りるべし！　教育ローンの返済が、退職後も続くようではかなり苦しくなるから、覚悟して。

4 子どもの教育費を祖父母にたよる「教育資金贈与信託」は相続にも◎

「子どもにお金をかけすぎないで！」とやや矛盾するが、リーズナブルな範囲、方法で、祖父母に孫の教育費を援助してもらうのはいい考えだ。教育資金の贈与に特別な非課税の特典*があるのでこれを使えば、**自分の親に資産があって相続税が心配なときの相続対策にもなる**。

これで、子の教育費の一部をまかなえれば、その分、親は自分たちで貯める分を自分たちの老後にあてられる。**祖父母から孫への贈与は、親世代の老後対策になる**のだ。

具体的には信託銀行の「教育資金贈与信託」を利用する。手順はこんなふう。

（1）祖父母が、受取人の孫を決めて、専用の「教育資金贈与信託」口座を開き、金額を決めて入金する。

（2）孫の教育費を、（親などが）先の口座から支払う。用途は教育費に限定される。

利用できるのは、祖父母、曾祖父母から30歳未満の孫、ひ孫への贈与。金額は、受け取

＊ 教育資金贈与の非課税制度は2019年3月末まで。延長の可能性あり。

「教育資金贈与信託」なら贈与税がかからない

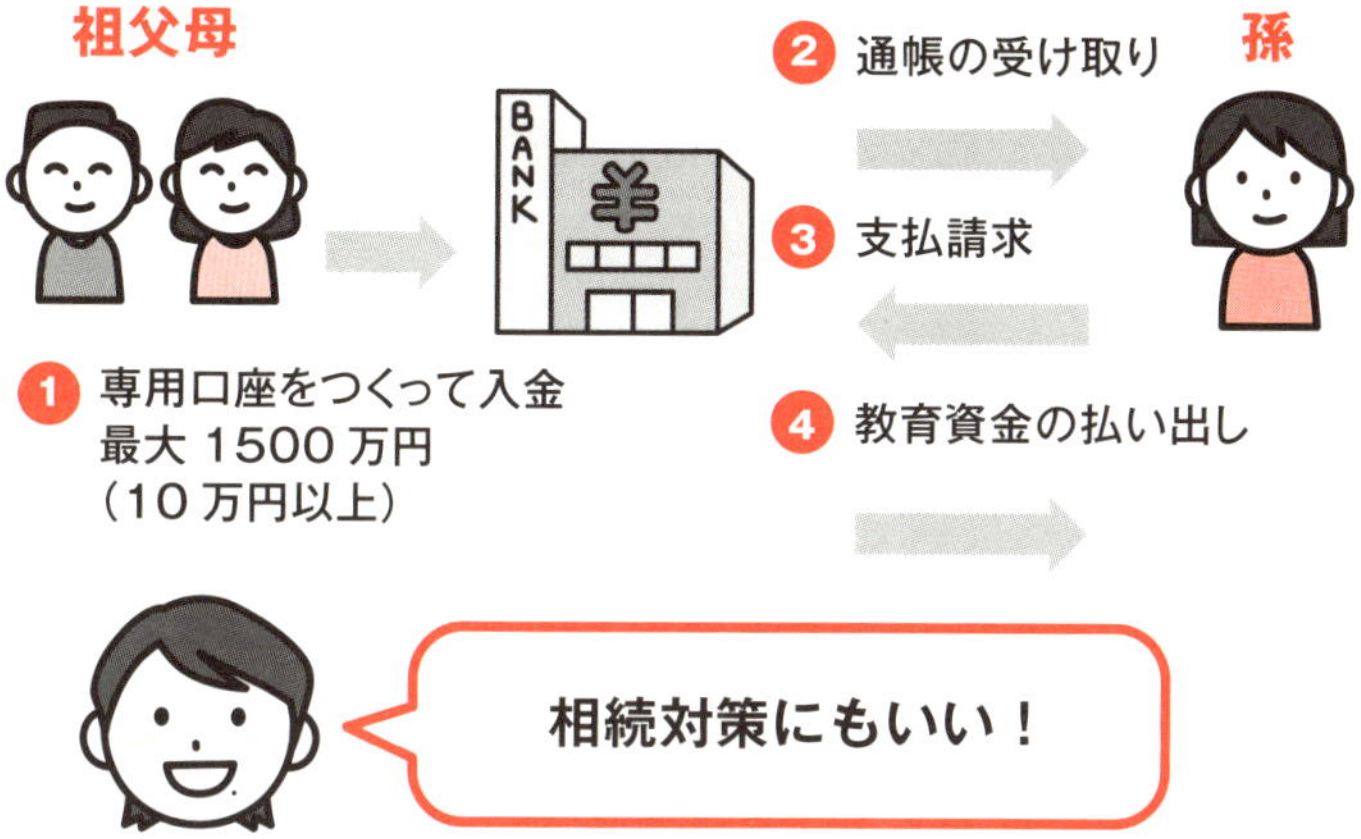

り人ひとりにつき1500万円まで（ふたり以上の祖父母からの場合は合計額）。贈与税はかからず、相続財産からも削除される。

一度にまとまった額を非課税で贈与できるので、教育費がかかるたびに支払ったり、毎年非課税範囲の110万円以内で贈与したりする手間が省ける。もちろん孫もその親もとても助かる。

親が資産家なら、上手に相談してみよう。

手続きは信託銀行へ。教育資金一括贈与専用口座を扱っている信用金庫もある。

5 親の介護で大切なのは、お金の問題よりも情報集め！

親の介護が必要になったら、待ったなし。すぐにきょうだい親戚で連絡し合い、役割分担を決め、介護保険を申請してサービスを申し込み、介護体制を整えよう。

ここでは、親はまだ元気だが、将来、要介護になるのが心配という50代へアドバイスを。

多くの人は、**「介護へのそなえ＝お金のそなえ」**と考えがちだが、**そうではない**。経済的に自立して生活している親なら、要介護になっても、たいていは、生活費分で介護の費用をまかなえる。問題は、**誰が実際の介護をするか、介護サービスや介護施設選び、入所の決断や手続き、その後の継続的なメンテナンスをどうするかだ**。

なので大切なのは、まず情報集め。どこに相談して、どういう手続きをすることになるかということを、公的介護保険のしくみを理解した上で、復習しておこう。親が遠くに住んでいる場合は、管轄の**「地域包括支援センター」**に一度、足を運んでおくと安心だ。

介護保険を利用するまでの流れをチェックしよう

1. 市区町村窓口に相談する
2. 地域包括支援センターへ連絡する
3. 要介護認定の申請をする
4. ケアマネージャーの訪問調査を受ける
5. 申請結果が出たら、認定通知書、被保険者証を確認する
6. 認定区分を確認し、地域包括支援センターもしくは、居宅介護支援事業所へ連絡する
7. 要介護度に応じて、ケアマネージャーと相談してケアプランを決める
8. 介護サービスを申し込む

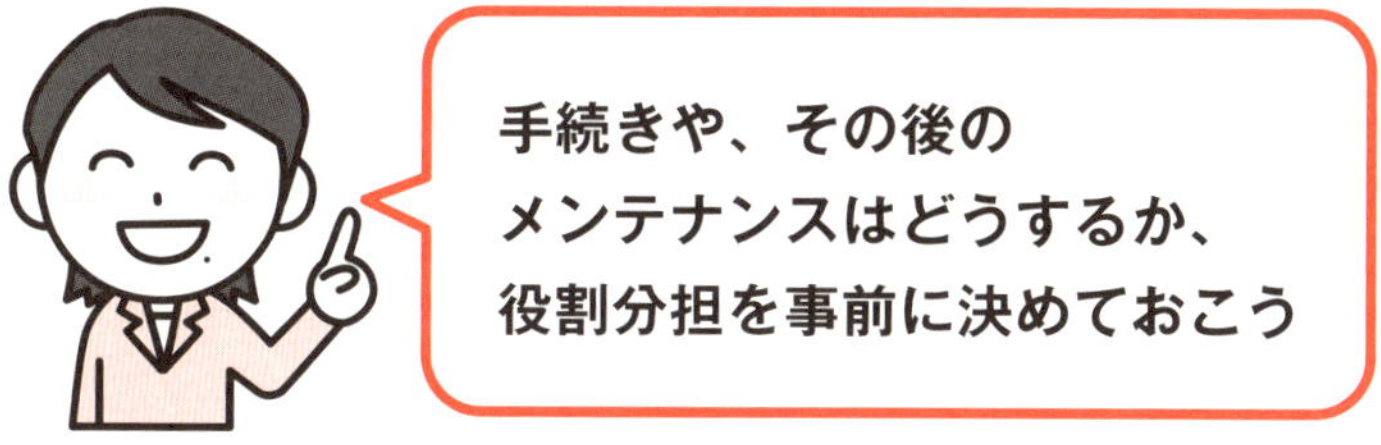
手続きや、その後の
メンテナンスはどうするか、
役割分担を事前に決めておこう

6 介護のために仕事をやめない。介護休暇・休業を上手に活用しよう

「親だから、自分でできるかぎりの介護をしたい」と考えるのは、すばらしい。ただ、ひとりで背負いすぎると、介護をする側もされる側も苦しくなる。上手に助けを借りよう。

介護でよく問題になるのは、親の介護のために子が仕事をやめざるを得なくなることだ。**シングルなら絶対に仕事をやめてはいけない。共働きカップルでも同じだ。**

50代はわが子の教育費を払い、自分の老後資金を貯めるために、継続的な収入がかかせない。**介護のために仕事をやめて収入を途切らせたり、大幅に減らすのは、とても危険。**

会社員なら親族の介護のために「介護休暇」「介護休業」をとることができる。病院の付き添いなど**単発なら「休暇」を、まとまった期間の介護なら「休業」**をとるといい。まず、この制度を最大限に活用し、使い切った後は、信頼できる上司に相談してあらゆる対策を講じる。公的介護保険だけで足りない場合は、自費で介護サービスや家事サポートを利用することもできる。財布は痛むが、仕事をやめるよりもはるかにダメージは小さい。

「介護休暇」と「介護休業」を活用しよう

	介護休暇	介護休業
とれる人	雇用期間が半年以上の人（アルバイト・パート含む）	雇用期間が1年未満の人（ただし、アルバイト・パートは1年以上）
期間	対象家族1人につき、1年で5日 1日または半日単位	対象家族1人につき、通算93日まで 3回まで分割できる
取得手続き	当日の申出も可	原則2週間までに申出
雇用保険の給付	制度なし（有給休暇扱いになる）	介護休業給付金がもらえる（3回まで分割可）

＊ 被介護者の範囲は事実婚を含む配偶者・実父母・配偶者の父母・子・同居している祖父母など。厚生労働省「育児・介護休業制度ガイドブック」より。

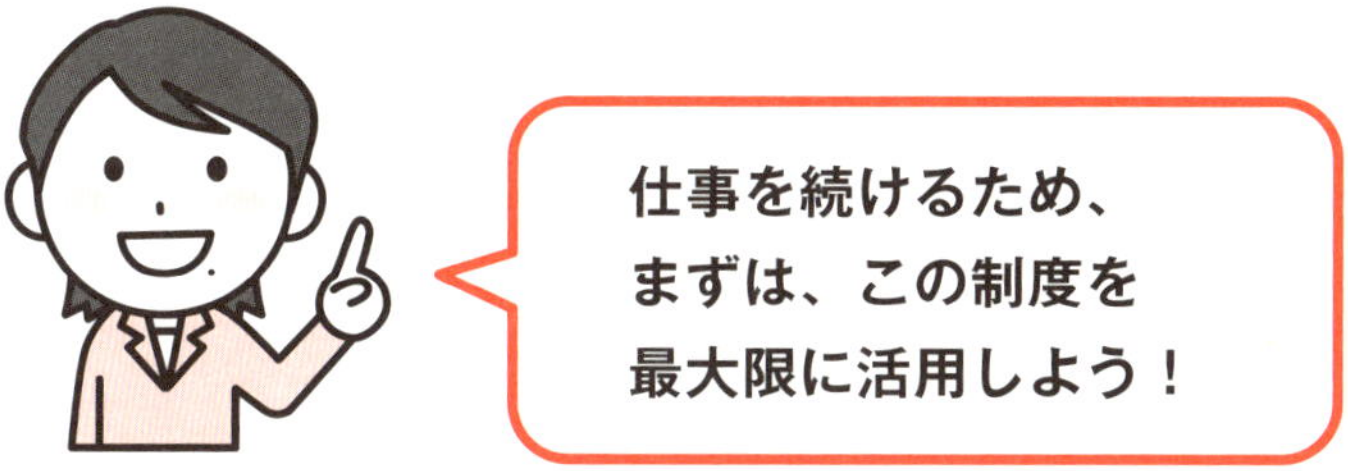
仕事を続けるため、
まずは、この制度を
最大限に活用しよう！

7 親が詐欺にあわないために！任意後見制度を利用しよう

高齢者を狙った詐欺や悪徳商法は後を絶たない。どんどん手法が進化している。オレオレ詐欺や悪質なリフォーム業者、強引な訪問販売の被害にあっている多くは高齢者だ。

年老いた親がひとり住まいをしていると、いろいろ心配だ。**親の判断能力や財産管理に不安を感じたら、早めに「任意後見制度」を利用**したい。

任意後見制度とは、

(1) 本人（親）に**判断能力のあるうち**に、自分が選んだ任意後見人と、自分の生活、療養介護、財産の管理等について任意後見契約を結んでおく（公正証書を作成する）。

(2) 本人の**判断能力が低下したら**、家庭裁判所に申し立てをし、任意後見人のサービス（保護）を受けることができる。後見人は任意後見監督人（家庭裁判所が選ぶ）の監督の下で仕事をするので不正の心配はほぼない。

相談は、最寄りの社会福祉協議会や司法書士事務所へ。

任意後見人に依頼する（できる）仕事の例

1 不動産の財産管理やその処分（売却・賃貸）

2 銀行等の金融機関との取引

3 年金や土地、建物の賃料の支払い

4 生命保険などの加入や保険料の支払い

5 財産の権利証やその他証書類の管理・保管

6 各種行政機関への手続き

親の判断能力に
不安を感じたら、すぐ
任意後見制度を利用したい

8 親が亡くなってからでは遅い！相続税のしくみと基本をおさらい

親が亡くなったとき、そして自分が逝くときのためにそなえて、相続と相続税の基本のしくみを知っておこう。

相続税は誰にでもかかってくる税金ではない。**相続税がかかるのは、亡くなった人（被相続人）が、ある程度の資産を持っていたとき**。相続税に「基礎控除」があるためだ。

基礎控除の金額は「３０００万円＋６００万円×相続人の人数」。相続人が配偶者と子ふたり、計３人なら基礎控除額は４８００万円となり、被相続人の財産が４８００万円を超えたときに相続税がかかる。ただし、**配偶者が相続する財産は１億６０００万円までは課税されないという特例**もある。

相続財産は、種類によっては実際の価値より低く評価される。たとえば、亡くなった人の自宅に相続人（配偶者か子）が住み続けるとき、土地は３３０㎡まで、時価の約２割で評価される。死亡保険金は一定の金額（５００万円×相続人数）が控除される。

相続税の基礎控除額は法定相続人の人数で変わる

相続税の基礎控除額 ＝ 3000万円 ＋ 600万円 × 法定相続人の人数（配偶者や子どもなど）

❶ 相続人が配偶者と子ふたりの場合

3000万円 ＋ 600万円 × 3人 ＝ **4800万円**

相続財産が4800万円を超えると相続税がかかる

❷ 相続人が子ふたりだけの場合

3000万円 ＋ 600万円 × 2人 ＝ **4200万円**

相続財産が4200万円を超えると相続税がかかる

資産家でも、夫婦の一方が亡くなる一次相続のときは相続税の心配は大きくないが、二次相続（相続人が子だけ）で大きな相続税がかかってくるおそれがある。資産家でなくても、子がふたり以上でわけにくい財産（自宅だけなど）のときは、相続でもめるおそれがある。

どちらの場合も、早めに相続専門の税理士や、弁護士などに相談しておくと安心だ。

特例として、
配偶者が
相続する財産は
1億6000万円まで
課税されない

9 家族のために、自分のために、遺言書をつくろう！

財産があってもなくても、50歳になったら遺言書をつくっておこう。自分の死後に家族に負担をかけないためにだ。財産家なら弁護士につくってもらうのがよいが、遺産争いや相続税対策の心配がなければ**「自筆証書遺言書」で十分**だ。

主な財産が自宅不動産だけで、子どもがふたり以上だとわけにくい。売って現金を等分にしなさいとか、全部を妻に相続させるとか、明確に指示しておこう。

子どもがいない夫婦の場合は、親やきょうだいも法定相続人なので法定相続分がある。**全財産を配偶者に相続させたければ、その旨の遺言書を書いて**実現できる。

シングルの場合は、まず親、次にきょうだいに相続の権利がある。親がすでに亡く、きょうだいもいないときは、お世話になった友人に残したり、思いのあるＮＰＯなどに寄付する手もある。相続人でない人や団体に遺すには**遺言書に「遺贈する」旨を**書いておく。

遺言書は安全な場所に保管し、配偶者や子など信頼できる人に、場所を知らせておこう。

自筆証書遺言書は全文手書きで！

1 自分で遺言書の全文、日付、名前を書き、印鑑（認印でも可）を押す

2 パソコンでつくると自筆の署名があっても無効なので必ず全文手書きする

3 あいまいな表現にならないよう、文章は短く簡潔に書く

誰にいくら相続させるかを明確に！

●自筆証書遺言書の例

遺　言　書

私、鈴木英雄は次のとおり遺言する。

1. すべての遺産を妻である鈴木優子（昭和　年　月　年生まれ）が相続する。

2. 鈴木優子は、前項の代償として長男である鈴木一朗（平成　年　月　年生まれ）と長女である鈴木百合（平成　年　月　年生まれ）に対して、金五百万円ずつを支払う。

平成〇〇年〇〇月〇〇日

東京都　〇〇市〇〇町〇丁目〇番〇号

鈴木英雄（印）鈴木

コラム

終末医療・葬式・墓のこともいまのうちに整理しよう

50代は人生半ば！　と冒頭で断言した。でも、一方でいつ死んでもおかしくない。50代は高度に複雑な年齢だ。立つ鳥、跡を濁さないため、以下の宿題もこなしておこう。

次の3つを、まず自分についてはっきりさせ、パートナーの意見を確認し、そしてできれば、親自身の考えを確かめておきたい。何らかの形で書いて残しておくと確実だ。

ひとつめは終末医療。本人の意思確認ができず、治療・回復の見込みがないと判断されたときに、延命処置を続けるか、装置を外して自然死を選ぶか。

ふたつめ、葬式。どういうスタイルで、どのくらいの予算をかけるか。葬式に500万円かけることもできれば、50万円で済ませることもできる。キリスト教式なら戒名がいらないから安上がり、仏式でも自分でつけていいとする説もある。これなら無料だ。無宗教もあるし、樹木葬や海での散骨もある。式で流す動画を、生前につくる人も増えつつある。ただし、目的は残された家族に負担をかけないため、ということを忘れないこと。

3つめ、遺骨を納める墓がないと、残された家族が困ることもある。生前に購入してもいいし、子がいないなら永代供養や供養がいらないスタイルを選ぶのもスマートだ。

第9章

それでも
お金が足りないときは、
支出を減らす。
住居費を見直す！

――まずは生活費を節約！　次に自宅を売る、
担保にするなど工夫しよう

1

月2万円の支出カットで、90歳まで960万円の節約に！50歳から

試算した。できる見直しは全部した。それでも足りないなら、策は「支出を減らす！」。

（1）いまの支出のスリム化

欠かせないのは、いまの支出を見直すこと。退職してからでなく、いま。

いまの生活費が、月35万円なら、月1万円、2万円からの**節約**を試みよう。**通信費の見直し**、**食費や光熱費の節約**、**ムダな生命保険の解約**などが有力な候補だが、必要なら**夫婦の小遣い**を5000円ずつ削って月1万円の支出減に。

車を持っている人は、**車にかけるお金を見直す**と効果が大きい。頻繁に買い換えず、できるだけ長く乗る。車の保険は必ず複数の見積もりをとって安いプランに。次の買い換えで、維持費が安い小型のものや軽乗用車に乗り換える。車を売ってカーシェアに切り替える方法もある。

支出をスリム化する候補はこれ！

- 通信費
- 食費
- 光熱費
- 生命保険料
- 夫婦の小遣い
- 子どもにかけるお金
- 車費　など

生命保険

いまの支出を見直せば、
退職後の支出も減るよ

節約できた月2万円、年24万円を50歳から64歳まで15年間貯めれば、65歳時の貯金は360万円増！

(2)退職後の支出のスリム化

ムダな支出をいま減らしてスリム化することは、退職後の支出カットにもなる。月2万円の支出カットで、65歳から90歳までの25年で600万円の節約になる。（1）と合わせると、トータル960万円も収支が改善する。

いずれの場合も、**生活の満足度を下げずに**支出を減らせたらすばらしい。**いまの自分の暮らしをよく見直してみよう。**

工夫あるのみ。

2

自宅の資産価値を生かす（1）家を売って、郊外や親の家へ引っ越す

ここまで読んで計算してみて、貯めたい金額、もらえる金額がわかった。生命保険も見直し、住まいのことも、子どものことも考えた。

支出カットを試みた結果、うまく計画をたてられた、なんとかなりそうという人はラッキーだ。11章の「退職後の資産づくりのために、投資をしよう」を実行して、さらにゆとりを生み出してほしい。

一方、**「このままではお金が足りなくなる」「80歳前に貯金が底をつく！」という人は、抜本的な対策を考え、ときに応じて実行**しよう。

ひとつめは、自宅という財産を活用する方法。

退職後に自宅を売り、それを元に、売った値段より安い家を買う。**親の家に越す**選択肢もあるかもしれない。**安い賃貸に引っ越す**手もある。

通勤に便利だったマンションを4000万円で売り、郊外の2500万円の中古マンシ

ョンを買って引っ越せば、約１５００万円をつくり出すことができる。私の友人は、地方で４５０万円（リフォーム費込み）で戸建てを買った。

条件が合えば、親の家に引っ越すことも考えてみる。改装費などに５００万円かけても、３５００万円が手元に残る。家賃として、親に月数万円を払うゆとりも生まれそう。

地方によって、家賃４万円以下で住まいが借りられるところもある。自宅を売ったお金で、憧れの田舎住まいを実現してもいい。情報集めと行動力が勝負だ。

これは、いますぐに打つ手ではない。ただ、いまの住まいに老後もずっと住み続けるか、10年後15年後に売るかで、これからのメンテナンスや家電製品の買い方は違ってくる。

退職の数年前には、住み替え先の候補を絞っておきたい。

60代、70代、80代以降の暮らしを思い描き、上手にプランをつくりたい。

3

自宅の資産価値を生かす（2）家を担保にリバースモーゲージを使う

このままでは老後資金が足りないが、「でも自宅は手放したくない。住み慣れたこの家に住み続けたい！」人の助っ人が、**リバースモーゲージ**。裏返し住宅ローンだ。大手銀行、一部の地方銀行や信託銀行、信用金庫などが扱っている。

住宅ローンが終わった住まいを担保に、金融機関から生活費やゆとり費を借りるしくみ。金利は住宅ローンより少し高いくらいで、カードローンよりはるかに低い（金融機関により2・5〜3・5％、2018年1月現在。そのほかのローンは6〜14％など）。

途中で返済する必要はなく、**最終的**（住んでいる人が亡くなったり、引っ越したとき）**に不動産を売ってローンの残高を払って精算し**、**差額は本人または相続人に払われる**。

たとえば、時価4000万円の自宅に、リバースモーゲージの貸付上限（極度額）が2000万円に決められたとする。生活費やゆとり費のため毎月3万円（年36万円）、年1回の旅行費用を50万円借りると年86万円。20年間くらいは、このペースでお金を借りて、

自宅を担保に借りる「リバースモーゲージ」

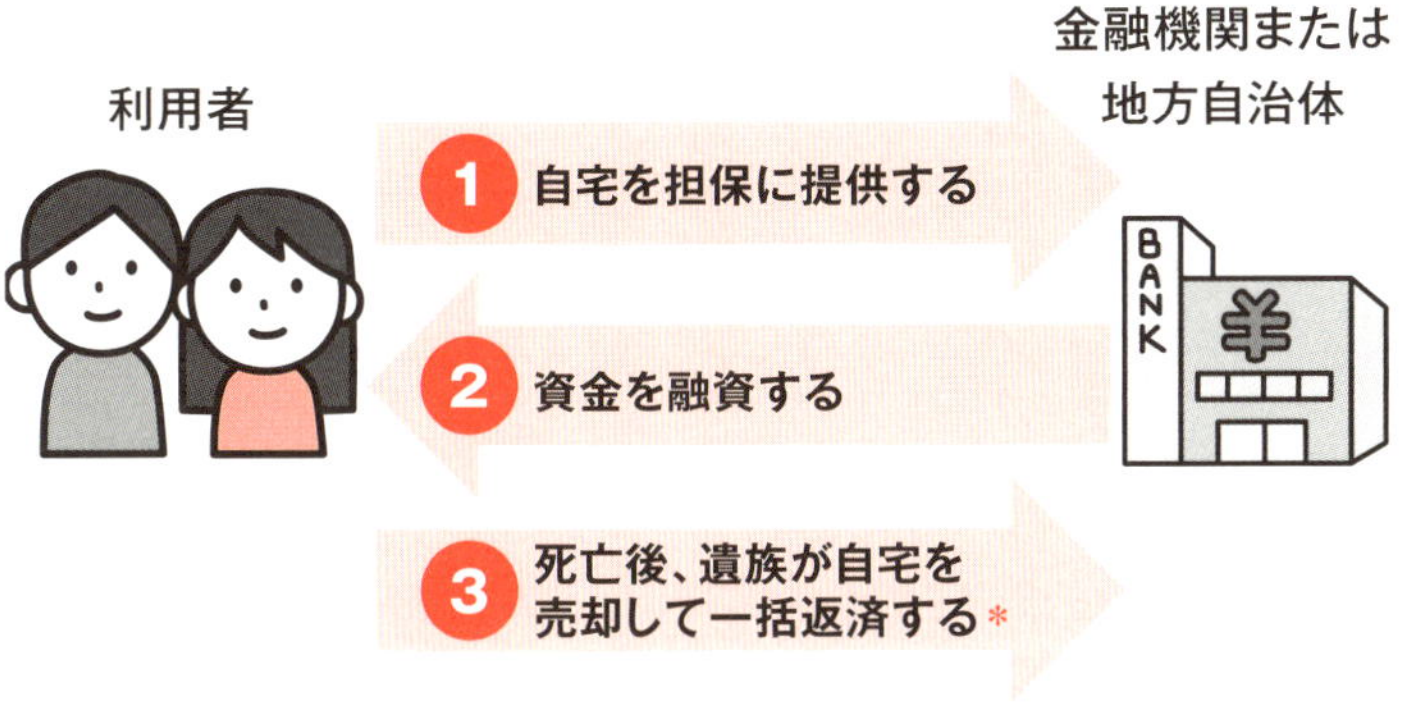
利用者
金融機関または
地方自治体
BANK
1 自宅を担保に提供する
2 資金を融資する
3 死亡後、遺族が自宅を
売却して一括返済する＊

＊ ほかの精算方法もある。

使うことができる。子どもの結婚費用、孫の進学費用、墓の購入費など、まとまった出費に使うこともできる。

金融機関のリバースモーゲージを利用できるのは、一定以上の資産価値のある不動産を持つ55歳以上で、年金などの継続した収入がある人など。利用できるのは、戸建てのみか、マンションでもＯＫか、借入中の利息返済があるかなどの条件は、銀行によってだいぶ違うので、必ず複数の銀行にあたってみよう。

なお、一部の地方自治体や社会福祉協議会は、収入が少ない人向けにリバースモーゲージを提供している。65歳以上、住民税非課税などが条件で不動産価値が低くてもＯＫ。場合によってはこちらも、チェックしよう。

4 自宅不動産がない人は、家賃の安いところへ越す。安い家を買う

老後に活用できる「自宅不動産」という資産がない人は、支出を減らすため、もうひと工夫必要だ。住居費を減らせれば、収支は大きく改善する。

(1)いますぐ家賃の安いところへ引っ越す

都心の家賃は高い。退職まで待たずに、いますぐ見直すと効果が大きい。月13万円の家賃を月11万円にできれば、引っ越し費用に50万円かけても、今後15年では310万円の支出減に。退職後の支出も年24万円、低く抑えられる。

(2)退職後に引っ越す

現役時代は仕事の都合で引っ越せないなら、**退職後に家賃の安いところに引っ越そう**。家賃が月13万円なら、夫婦の生活費は月30万円以上かかるが、退職後の住居費を月5万円にすれば、生活費を月25万円以下にできるだろう。

(3)退職と同時に安い家を買う

退職までにお金を貯め、退職後に現金で家を買う手もある。都心を離れると、小さな戸建てやマンションが1000万円前後、ときにはそれ以下で手に入る。故郷や惚れ込んだ土地で、いまからときどき物件を見ておこう。いい物件があったら、**退職前に家を買い、退職までは定期借家で賃貸に**出しておくという手もある。

(4)実家に越す

実家とひとことで言っても、立地や建物の状態、親や近隣との関係、生活は千差万別。家賃がかからなくても、古い住まいの改修や維持、車、固定資産税などの費用がかさむことも多い。**あまく見ないで、よく計算**しておこう。

(5)公営の住まいに入る

年金収入が少なければ、公営の住まいに安い家賃で入居できることもある。知り合いの60代シングル女性は、**都内の家賃1万円の物件に入居**した。抽選の場合が多いので、狙いを絞ってその地域に越し、気長に応募し続けよう。

家賃を減らす方法は
いろいろ。
自分にぴったりの
対策を見つけよう

コラム

見栄を捨てる。手元にあるお金で生活しよう

収入減、失業、病気、投資の失敗、詐欺被害などは誰にでも起こりうる。すると退職後に、あるいは退職の前から、それまでの生活レベルを維持できなくなる。

そしたら、生活のレベルを下げればいい。13万円の家賃から8万円のところへ。それでもダメなら、低収入者の人向けの4万円の公営住宅へ。タバコ、酒はやめるか減らす。温泉旅行の代わりに近くの銭湯へ。美容院は1000円カット。お金のかからない楽しみをたくさん見つける。図書館、地域の無料映画鑑賞会など、公的なものを上手に利用しよう。

生活レベルを下げるときにいちばん苦しいのは「まわりに、どう見られるだろう」という見栄。人の目だ。あなた自身が、収入が少ない人を知らず知らず見下げていたのかもしれない。それは失敗。いうまでもなく、収入や資産額で人の価値は測れない。人生の満足度も幸福感も。

見栄を捨てる。人を見下げない。そして、自分の手元にあるお金でやっていく工夫をする。何度もいうけど、お金の問題は必ず解決できる。このままでは危ないと思ったら、すぐに専門家などに相談。早めの対策をたてて実行すれば、よりよい結果を出せる。

これぞ本当の人生サバイバル・ゲーム。知恵を使って楽しみながら生き延びよう。

第10章

離婚や再婚をしたときの、お金のことを知っておこう

――離婚は貧乏老後への近道。できるだけ避けたい

1

離婚する方法は3つ。必ず専門家や公的機関に相談しよう

3組に1組が離婚する時代になって、50代以降の離婚もめずらしくなくなった。いざ、にそなえて基礎知識を。

離婚する方法には、協議離婚、調停離婚、判決離婚の3つがある。

●協議離婚

話し合いによる離婚で、さまざまな条件は、**双方が納得できるように自由に決める**ことができる。ただし、法的なことをよく知らず、決めずに協議離婚にして、後から立場の弱い方（もっぱら女性）が困ることも多い。話し合いで解決できそうでも、一度は専門家へ相談し、アドバイスを受けよう。

●調停離婚

夫婦で話し合っても結論が出ない、話し合いができない場合に、**家庭裁判所での調整を頼む方法**。夫、妻どちらか一方が、簡単に始められる＝申し立てできる。料金も安い。

法的にきちんとするためには調停離婚がお勧め

家庭裁判所での調停、調停委員が同席する月1回程度の話し合いを重ねて結論を出す。

● 判決離婚

離婚調停でも結論が出ない、相手が調停に応じないときは、**地方裁判所に「訴状」を提出して訴訟を起こす**。専門の弁護士に依頼し、大量のお金、時間、エネルギーを注ぐことになる。

簡単なのは協議離婚だが、条件を法的にきちんとするためには**調停離婚がお勧め**だ。

相手が離婚を望んでも、こちらが結婚を続けたいときは、家庭裁判所で「円満調停」つまり仲直りのための話し合いを求めて、申し立てをすることもできる。

2 慰謝料、財産分与、養育費、年金。離婚したらお金はこうなる

離婚は、即、お金の問題だ。ずっと一緒に生活してお金を稼ぎ、家を買い、子どもを育て、貯めてきたものを、ふたつにわけなければならない。子の将来にもかかわってくる。**慰謝料、財産分与、養育費、年金（172ページ参照）について知っておこう**。

●慰謝料

慰謝料とは、精神的苦痛を与えたことに対する**損害賠償金**。離婚の原因が「浮気」や「家庭内暴力」だと慰謝料が発生するが「性格の不一致」では発生しない。「子育てや家庭生活への非協力」は、程度によるが難しい。慰謝料が認められる場合でも、金額は意外に少ない。**相手の支払い能力で額が決まるからだ**。

慰謝料の額や支払い方法を、ふたりの話し合いで決められないときは「調停離婚」または裁判による「判決離婚」に持ち込むことになる。早めに弁護士や離婚カウンセラーなどに相談してみよう。

●財産分与

結婚後、**夫婦で築いた財産**は民法では（名義にかかわらず）**夫婦共有**のものと考え、離婚の際にそれをわけ合うのが財産分与。自宅、預貯金、保険、退職金、年金など。住宅ローンなど**「負の財産」も含まれる**。

夫に時価3000万円のマンション（住宅ローン残高1000万円）と2000万円の預金があり、いずれも結婚後につくった財産だとする。5割が妻の分と認められれば、2000万円相当の財産を、夫は何らかの形で妻にわけることになる。

●養育費

在学中の子どもを収入の少ない方（通常は妻）が引き取って一緒に暮らすとき、**収入の多い方**（通常は夫）**が子どもの養育費を支払う**ことになる。養育費は、収入や実際の教育にかかる費用によって現実的な金額が決まる。養育費は途中で支払いが滞ることが多いので、不履行のとき**強制執行ができる「公正証書」を必ずつくっておこう**。

離婚にかかるお金は
弁護士や離婚カウンセラーに
相談するのがいちばん！

3 離婚したら2年以内に、妻は「年金分割」の請求を！

離婚のとき、夫と妻の公的年金の額が同じくらいなら問題になりにくいが、差が大きいとき、たとえば夫が月22万円、妻6万円では不公平だ。離婚後、妻は生活できなくなる。これを救済するため「離婚による年金分割」制度がある。年金額が少ない側は必ず請求したい。

●3号分割

夫が会社員で、妻が専業主婦（扶養範囲のパートも含む）だった婚姻期間中、夫が払っていた厚生年金保険料の半分は、妻が払っていたとみなして、その分の年金は妻が受け取りますよとする制度。**元夫の厚生年金**（老齢厚生年金）**部分の最高50％まで**を、元妻が自分の年金として受け取ることができる。50％となるのは、夫の厚生年金加入期間と妻の専業主婦期間が同じとき。**請求すれば自動的に（合意や裁判なしに）受け取れる**。

夫の老齢厚生年金が110万円のとき、妻がもらえるのは最高で55万円。自分の基礎年

離婚の年金分割請求は2年以内！

専業主婦の妻の場合

3号分割

専業主婦だった妻は夫の老齢厚生年金を最高50%まで自分の年金として受け取れる。請求は2年以内

厚生年金に加入していた妻の場合

合意分割

老齢厚生年金の割合を話し合いか裁判手続きで決め、分割し、請求手続きをする。請求は2年以内

金78万円なら合わせて133万円となる。

●合意分割

妻が厚生年金に加入した期間がある場合、その間の夫婦の老齢厚生年金部分をどういう割合でわけるか（按分割合）を話し合いで決める。合意できない場合は家庭裁判所での調停や裁判で決めてもらい、請求手続きをする。いずれも請求ができるのは、離婚後2年以内。

離婚の年金分割
については、必ず、
年金事務所や
専門家に相談しよう

4

再婚で気をつけるべきお金のこと。相続や遺族年金が変わってくる

人生が長くなったいま、死別や離婚でひとりになったら、新しいパートナーと暮らしたいと思うのは自然なことだ。ただし、50代以降の再婚では相続と年金の課題をクリアしておこう。

(1)相続

当事者のどちらにも子がなければ話は簡単だが、子がいる場合、相続でもらえる財産が減ることになるので、子が親の再婚に反対するケースが多い。**再婚した後に親がパートナーより先に亡くなると、財産の半分が再婚相手のもの**になってしまうからだ。

たとえば子がふたりの場合、合計6000万円の財産を持つ親が再婚せずに亡くなれば、子は3000万円分ずつを相続する。でも再婚相手がいたら、半分の1500万円になってしまう。

そういう状況を考えて、**同居しても入籍しないという高齢カップルもいる**。それも一手

だが、「遺言書」を書いても解決できる。パートナーの了解を得て、「財産をすべて子に相続させる」という**遺言書をつくっておけば、親が再婚しても子は相続で損をしない。反対されにくい**だろう。

(2)公的年金

入籍する、しないで、公的年金(遺族年金)も変わってくる。

男性が会社員か公務員だった場合、妻より先に亡くなると、妻は遺族厚生年金を受け取る。**再婚でも同じ**。事実婚の妻でも受け取ることができるが、女性が遠慮して請求しない場合や、認められないケースも考えられる。**入籍しておくのが賢明だ**。

亡夫の遺族年金を受け取っていた女性が再婚すると、年金を受け取る権利はなくなる。

この理由で事実婚を選ぶカップルもいる。厳密には不正受給ですが。

再婚して入籍すると
子の相続分が減るけど
遺言書で解決できるよ

コラム

離婚より別居、「卒婚」のススメ

退職後は、ライフスタイルも価値観もどんどん変化していく。そして世界は狭くなっている。歳を重ね、子どもが成長して独立していくとき、ずっと同じスタイルで生活していく必要はないと思う。結婚を解消しなくても、別居する暮らし方もありそうだ。「卒婚*」と呼ぶ人もいる。

友人知人の中には、このスタイルをとっているカップルが何組かいる。

あるカップルは、現役時代に住んでいたマンションは子どもに貸し、夫は海の近く、妻は山の方に住まいを持っている。スケジュールが合う週末に、お互いに訪ねあうという暮らし方で、そこに子どもが合流することもある。

夫がオーストラリア人、妻がメキシコ人という私の友人は、メキシコで知り合って結婚し、長く家族でオーストラリアで暮らしていたが、子どもが独立した後、妻は祖国へ帰って老いた親と暮らし、それぞれの国や、中間地点の国（日本）などで年に数回デートするというスタイルだ。

図らずも、私の家族はいま一時的に、日米中の3つの国に離れて暮らしている。大変なことも多いが、それぞれの国を訪問しあうのは新鮮でおもしろい。

ただし、新しいパートナーを見つけたいなら、結婚はきちんと解消するのがルールだろう。

＊ ライター・杉山由美子さんの造語。

第11章

退職後の資金づくりのために、投資をしよう

――投資をすると、残りの人生は大きく変わってくる

1

50代、投資を「いますぐ始めよう！」資産を増やすため、守るためにも。

85ページのグラフで、はっきりとわかったように、運用しない（利回り0％）と運用する（利回り3％）では、同じ金額を積み立てても、全く違う結果になる。**年を追うほど差が開いていく**。よい方の結果を選ぶには、**いますぐに投資を始めて生きている限り続ける**ことだ。

ネット証券が登場した2000年頃「日本の投資環境はアメリカに20年遅れている」といわれていたが、いまはほぼ追いついた。なのにまだ投資していない人がいるのは残念、もったいない。

投資経験がないと、もったいないだけじゃない。**実にとても危険なのだ**。たとえば、(1)退職金全額を、種類も時間も分散せず、ひとつの商品に投資してしまう。(2)信用取引やFX取引など、リスクの高い投資につぎ込んで、借金を負ってしまう。(3)詐欺にあって、退職までに貯めた資金を全部だまし取られてしまう人もいる。投資は、知識だけでは足りな

投資経験がないと、大変な目にあうかも

- 退職金全額をひとつの商品に投資してしまう

- ハイリスクの商品で借金を負ってしまう

- 詐欺にあって、あり金ぜんぶをだまし取られる

い。**経験が大切**。損をしたり失敗したり、という経験を重ねて初めて、投資のよさを享受することができる。

投資といっても、初心者はいったい何から始めたらいいか、わからないかもしれない。

私がお勧めするのは**「投資信託」**。**これだけでいい**。もし、不動産やほかの投資をしたければ、勉強してやってみればいい。でも、ふつうの人は投資信託だけで十分。

これをマスターしよう！

2 投資を始めるなら、1000円から買える「投資信託」！

投資というと、誰でも思い浮かべるのが株式だ。確かに株式は投資の基本商品だが、私は勧めていない。リスクが大きいし、売買に高度なテクニックが必要だから。

株式投資でリスクを小さくするには、最低でも20銘柄程度を持つべきだとされる。銘柄が少ないと、倒産や株式の暴落で大損するリスクが大きい。でも、**20銘柄を選ぶのは大変で、大きな資金が必要**。**売買のタイミングを計るのも難しい。積立で買うのも難しい**。

そこで、お勧めしているのが、**株式に間接的に投資する「株式投資信託」**。

ファンド（＝英語で資金のかたまりという意味）とも呼ばれる。

証券会社や銀行が窓口になって、お客さん（投資家）からお金を集め、数十億～数千億円の単位のファンドにして、それをいろいろな株式に投資して運用する。銘柄によって、どんな種類の株式に投資するか決まっている。投資先は、国内の株式、海外の株式・債券、不動産などいろいろ。これらを一口1万円や1000円から買える。実にすごいことだ。

株式投資信託は証券会社や銀行で売買できる

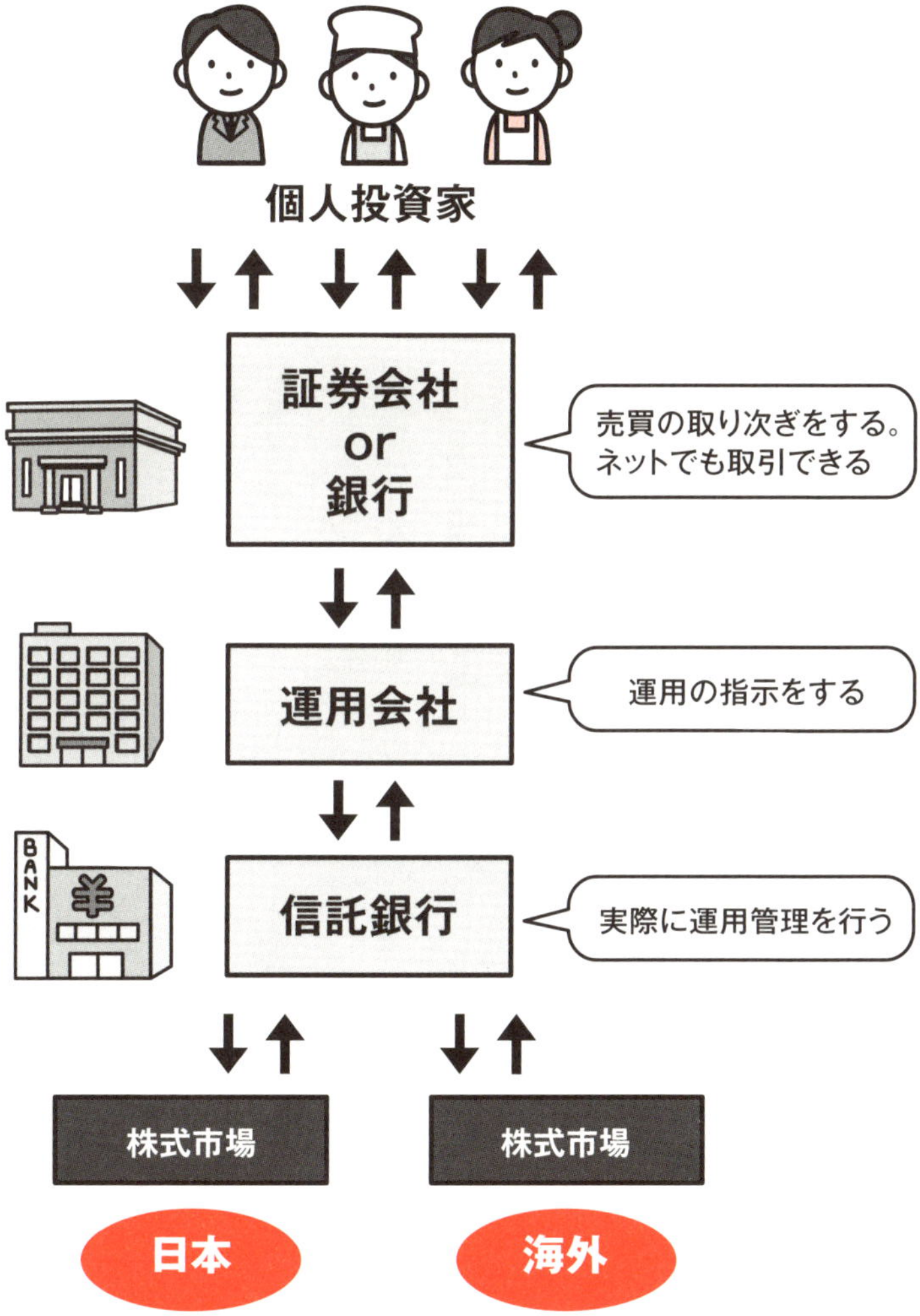

3 投資信託をマスターすれば、iDeCo《イデコ》もつみたてNISA《ニーサ》もできる

個人の老後資金づくりを応援するしくみとして、iDeCo（個人型確定拠出年金）や、つみたてNISAがある。

どちらも、一定金額までの投資に特典がある。

iDeCoは、積立をしている間は所得税が減る（所得控除になる）し、**利益にも税金がかからない**。**つみたてNISAは（20年間）利益に税金がかからない**。

で、その**正体は**というと、**「投資信託」**だ。iDeCoには、預金や保険のメニューもあるが、その強みを生かせるのは投資信託。つみたてNISAも投資信託だ。

だから、**投資信託をマスターすれば、このどちらも使いこなせる**。

投資信託がわからなければ、どちらも使いこなせない。

もういちど復習。

投資信託は対象地域と資産で分類できる

対象資産 ＼ 対象地域	株式	債券	REIT ファンド（不動産投信）
国内	❶ 国内株式型	❷ 国内債券型	❸ 国内REIT ファンド
海外	❹ 海外株式型	❺ 海外債券型	❻ 海外REIT ファンド

❶から❻を
組み合わせた
「バランス型」の
ファンドもあるよ

投資信託は投資家から集めた資金をファンドにし、運用会社が株式などで運用する商品。多くの銘柄を組み合わせることで、リスクを小さくし、安定した利回りを実現できる。

いろいろな分類法があるけれども、投資先の地域と商品で、上のように分類できる。

これらを好きな割合で組み合わせ、しかも積立で買えるんだから投資信託って本当にすごい。

4

iDeCoは積立金が全額所得控除。運用時も受け取り時も非課税になる!

iDeCoは、老後資金づくりの強い味方だ。本書では基本を紹介しよう。

iDeCoのしくみは、

(1)個人が自分で、**自主的に加入の手続き**をする年金

(2)60歳まで、投資信託などで積み立てる。**積み立てる商品は自分で選ぶ**

(3)60歳から70歳の間に、**年金として受け取り始める**。一時金としても受け取れる

また、iDeCoには、税金上の大きなメリットがある。

(1)積み立てる金額が、「所得控除」となって、その分税金が少なくなる

(2)運用中(受け取るまで)は利息に税金がかからない

(3)受け取るときに税金の特典がある(年金形式で受け取ると公的年金等控除が、一時金で受け取ると退職所得控除が受けられ**実質税金ゼロになることも**。金額が大きいと課税)

積立額の上限は、1号さんか、2号さんか、3号さんかによって、左のページの通り。

iDeCoの上限金額は月1万2000～6万8000円

自営業者（1号さん）		月額 **6万8000円** まで＊3
会社員（2号さん）	会社に企業年金がない会社員	月額 **2万3000円** まで
	企業型DC＊1に加入している会社員	月額 **2万円** まで
	DB＊2と企業型DCに加入している会社員	月額 **1万2000円** まで
	DBのみに加入している会社員	月額 **1万2000円** まで
専業主婦(夫)（3号さん）		月額 **2万3000円** まで

＊1 企業型確定拠出年金。
＊2 確定拠出年金。
＊3 国民年金基金または国民年金付加保険料との合算枠。

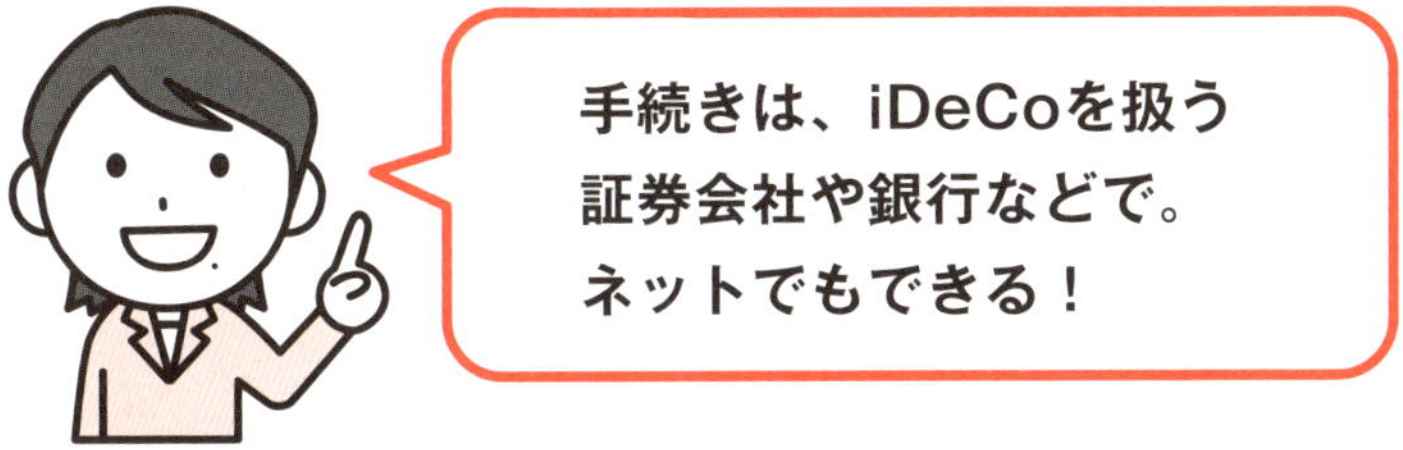
手続きは、iDeCoを扱う
証券会社や銀行などで。
ネットでもできる！

5 会社員も自営業者もiDeCoを上限額まで利用しよう!

50代だと、iDeCoで積み立てられる60歳まで10年足らずしかない。それでも利用する価値はある? もちろん、ある。

積み立てる金額が所得控除になるから、たとえば年収約500万円の人が月2万3000円積み立てたら、所得税と住民税合わせて約5万5000円の負担が減る。

また、積立を終えた後も運用が続くから資産は増えるはず。受け取るときも年金として受け取る場合、年70万円までは非課税、一括受け取りも年600万円は非課税(勤続年数による)。いいね。

いまの収入と家計から、どれだけ積み立てられるかによるが、自営業者も会社員も限度額まで利用すると、iDeCoのメリットを最大に利用できる。

iDeCoの始め方は、左図の通り。積立金額は年1回変更できる。収入が増えたら増やせばいいし、苦しくなったらやむをえず減らすこともできる。

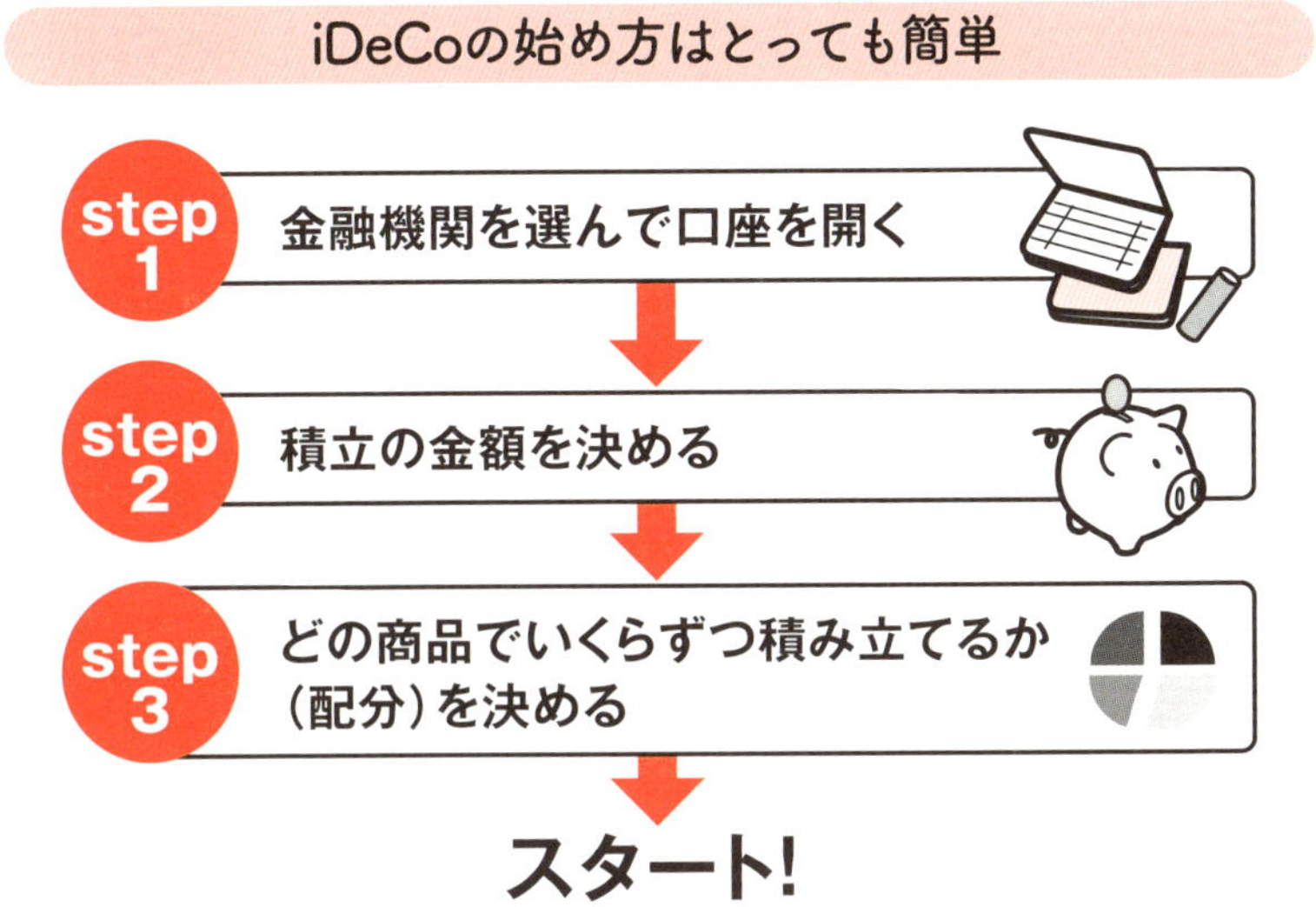
iDeCoの始め方はとっても簡単
step 1
金融機関を選んで口座を開く
step 2
積立の金額を決める
step 3
どの商品でいくらずつ積み立てるか（配分）を決める
スタート!

商品の組み合わせ（配分）は何回でも変更できる。たとえば、最初は日本株ファンド50%、世界株ファンド50%でやってきたけど、日本株ファンドの利益が伸びないから、30%と70%にするとか。

でも、配分変更やスイッチング（商品の乗り換え）は上級者向け。**最初に決めた割合で淡々と積み立てていくだけでも、十分な結果が得られる**はずだ。

難しく考えず、
いますぐ始めよう

6 ｉＤｅＣｏを始める金融機関は、手数料と品揃えで選ぼう！

ｉＤｅＣｏは、投資信託を「確定拠出年金」という制度を通して買うしくみ。投資信託以外のメニューもあるのだが、毎年２００４円から７４０４円の手数料を払う（金融機関によって違う）のだから、利息がほぼゼロの安全型の商品（元本確保型の商品と呼ばれる）を選んでいては、損してしまう。**「ｉＤｅＣｏは、積極的に運用する！」が原則だ。**

２０１８年１月現在、ｉＤｅＣｏができる金融機関は、証券会社、銀行、信用金庫、保険会社など全部で約１３９社。ここからどう選ぶか。

各社の**手数料や品揃えはネットで一覧できる**。ただし、ネット情報はいろいろなバイアスがかかっていることもあるので、**慎重に中立な情報を集めたい**。お勧めのひとつは、投資信託評価会社。モーニングスター社の比較サイト*だ。

でも、金融機関選び、投資信託選びで１００点をとらなくていい。

* http://ideco.morningstar.co.jp

金融機関を選ぶときのチェックポイント

1. 自分が口座を持っている証券会社、銀行が制度を扱っているかを確認する
2. ネットでその他の金融機関の手数料、取り扱い商品などをチェックする
3. 1と2を比べて、納得できる証券会社や銀行で口座を開設する

iDeCoで
安全型の商品を
買うのはもったいない。
投資信託でいこう

まずは、**自分が口座を持っている証券会社や銀行が、iDeCoを扱っているか**をチェック。ほかの会社と比べて、手数料や商品に遜色なければ、そこで始めるといい。

積み立てる商品は%で指定する。ロボアドバイザーのアドバイスを聞いてもいいけど、まずは、自分で選んでみたい。

7 投資の基本は「日本株」のインデックスファンドだ！

182ページで見たように、投資信託（ファンド）にはいろいろな種類がある。ここでは、iDeCo、つみたてNISAに限定せず、**投資信託全般について**見てみよう。

知りたいのは、どれを買えばいいか。

ひとつの銀行、証券会社がだいたい数百種類の投資信託を扱っているので（一部例外あり）、この中から自分に合うものを見つけるのは難しそうだが、次のルールに従えば簡単だ。

(1) 日本債券＊は外す。預貯金と似た性質なので、投資とは考えない。

(2) 日本株、外国株、外国債券＊のジャンルから、それぞれひとつ（一銘柄）ずつ選んで、組み合わせて投資する。

「いきなり、そんなにできないよ！」という初心者さんは、まず「日本株」から始めよう。

日本に住んでいて老後も日本で過ごす予定なら、**投資の柱となるのは「日本株」**だ。資産の半分くらいは日本円で運用するのがいい。情報も十分に手に入る。「投資にまわすお

＊ 債券には、国債や社債がある。国や企業が世の中（投資家）から、お金を借りるしくみ。預金よりやや金利が高い。

金の5割程度は日本株の投資信託で」と私は勧めている。

たくさんの銘柄があるが、**買うべきは間違いなく日本株の「インデックスファンド」**だ。

インデックスとは、英語で指標とか指数という意味。株式相場全体の動きを示す指数と同じ値動きをするようにつくられている。

「基本」の商品なので、どこの証券会社、銀行でも1種類は必ず扱っている。日本株には日経平均株価、東証株価指数など複数の指数があるので、数種類のインデックスファンドを扱っているところもある。どれを選んでも大差ない。

さあ、日本株のインデックスファンドで、あなたの投資人生のスタートを切ろう。

8 シンプルで低コスト、長期投資向き。インデックスファンド6つの魅力

投資は投資信託だけでいい、とお話しした。そして、投資信託は、インデックスファンドだけでいい。インデックスファンドには、日本株のほか、世界株、米国株、世界債券、米国債券などがある。

インデックスファンドには、いろんな魅力がある。

（1）日本株のインデックスファンドを例にとると、数百の銘柄に投資するので、個別株より値動きがゆるやか。つまり**リスクが小さい**。

（2）しくみ、値動きの理由が**わかりやすい**。相場全体と同じ動きをする。

（3）数カ月〜数年の短い期間で見ると、特定の分野（金融、ＩＴなど）が成長し、全体よりも値上がりが大きいこともある。しかし、10年20年という長期では、特定の分野に偏るより、市場全体にまんべんなく投資する方が、**成績がよく安定**しているというデータがある。

インデックスファンドの6つの魅力

1. リスクが小さい
2. しくみがシンプルでわかりやすい
3. 成績がよく安定
4. 手数料が安い
5. 選びやすい
6. 積立できるものが多い

投資信託は、インデックスファンドだけでいい

（4）買うときや保有中の**手数料が安い**のもいい。たとえば買うときの手数料は、ファンドによっては3％だが、日本株のインデックスファンドは手数料0％のものも多い。

（5）ジャンルによって一銘柄から数銘柄なので、**選びやすい**。

（6）**積立できる**ものが多い。

インデックス型に対して、はっきりした投資方針で運用するものをアクティブ型という。初心者には選ぶのが難しく手数料も高いのでお勧めしていない。

上級者になってから、どうぞ。

9

長期運用にかかせないリスク分散。外国株の投資信託も買う！

長期に運用するお金、つまり老後資金の50％は投資しようと勧めている。投資するお金の50％は、日本株で運用しよう。日本で生活するから。

投資するお金の50％は、外国もので運用しよう。

外国ものを入れる第一の理由は、円安や日本株安で**円や日本株の価値が減るとき、逆に価値が増えてくれるから**。それから、**海外の成長や高利回りを享受**するためだ。たとえば、日本の株が全然上がらなかった20年の間、アメリカの株は年10～20％値上がりしていた。

外国株というと、日本株の投資信託よりずっとハードルが高いように感じられるかもしれないが、そんなことはない。

実は、外国株の投資信託を買うのも、日本株の投資信託を買うのも、手続きはほとんど同じだ。

外国株の投資信託にもいろいろな種類があるが、買うべきは国内株と同じく、インデッ

外国株インデックスファンド(グローバル型)の例

<MSCIオール・カントリー・ワールド・インデックス(日本を除く)の構成比率>

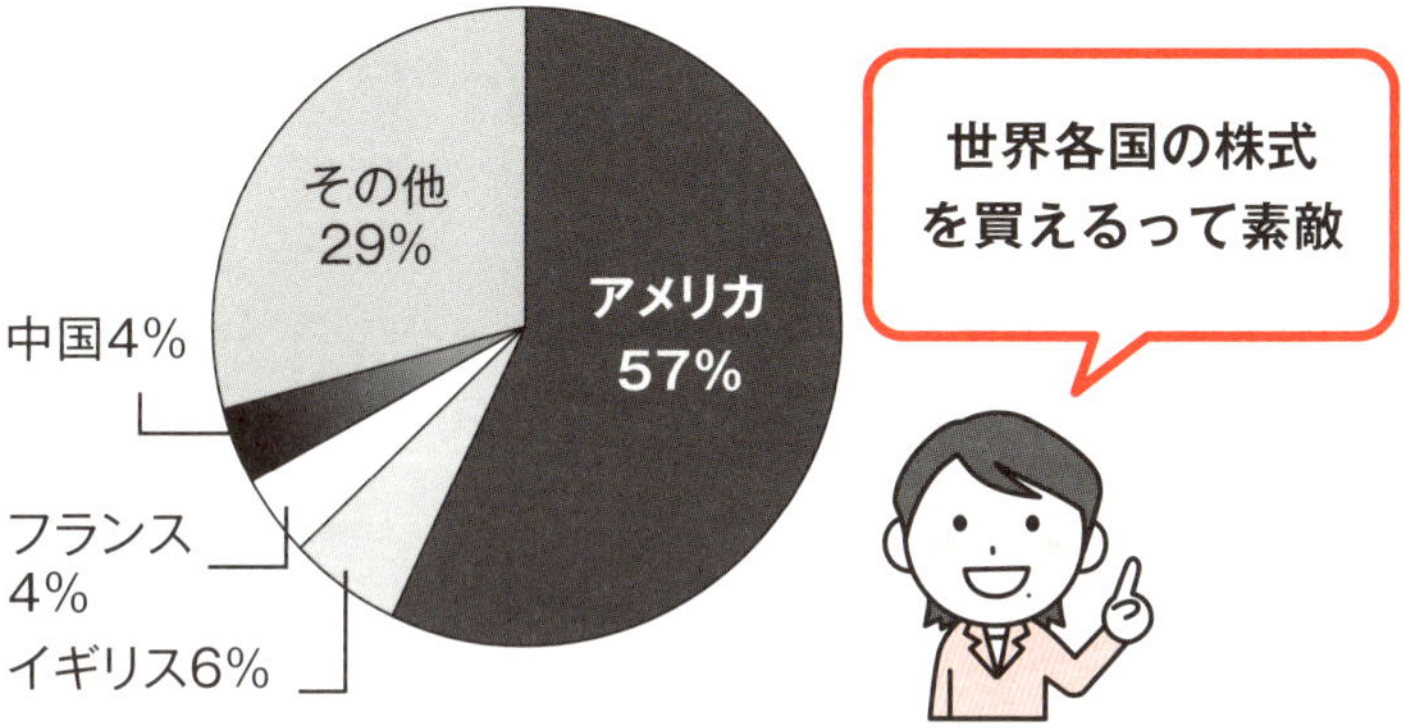

＊ 2017年12月現在。

クス型のファンドだ。**地域は世界全体(グローバル)がお勧め**。好みでアメリカでもいい。

アジア、インド、ブラジル、東欧など成長率の高い「新興国」の投資信託もあるが、グローバルやアメリカに比べるとリスクが大きい。市場規模が小さくカントリーリスクも高いので、初心者にはお勧めしない。ヨーロッパ経済も近年不安定なので、控えたい。

外国株の投資信託には、為替ヘッジ(円高になったときの損を小さくするしくみ)があるものと、ないものがある。円安のときにパワーを発揮する「ヘッジなし」がお勧めだ。

iDeCoや、つみたてNISAで使える商品もあるよ。

10 外国債券の投資信託「毎月分配」は、絶対選んじゃダメ！

海外への投資、というと「外貨預金」を考える人も多いが、為替手数料*が高い上に、いま（2018年）は世界的に金利が低いので、お勧めしていない。元本割れする（損する）リスクが大きいからだ。

その代わりになるのが「外国債券」。外国債券の投資信託を買おう。

債券は株式より値動きが小さい。株式が下がるときも値下がりしない。ただし、外国通貨建て（米ドルとかユーロとか）なので、為替リスクはある。**円高では損**になるが、**円安では値上がり**するから、**資産を守る役割**を果たしてくれる。

債券型の投資信託には、預金感覚で使えるMMFがあるが、世界的な低金利でユーロMMFと日本円のMMFがなくなり残念だ。米ドル、豪ドルはまだある。

外国債券の投資信託も、やはりインデックス型だ。債券にも指数ってあるんです。ただし、外国債券のインデックスファンドは、まだ種類が少なく、扱ってない金融機関もある。

* 円を外貨、外貨を円に両替えするときにかかる手数料。

分配型より再投資型を選ぼう

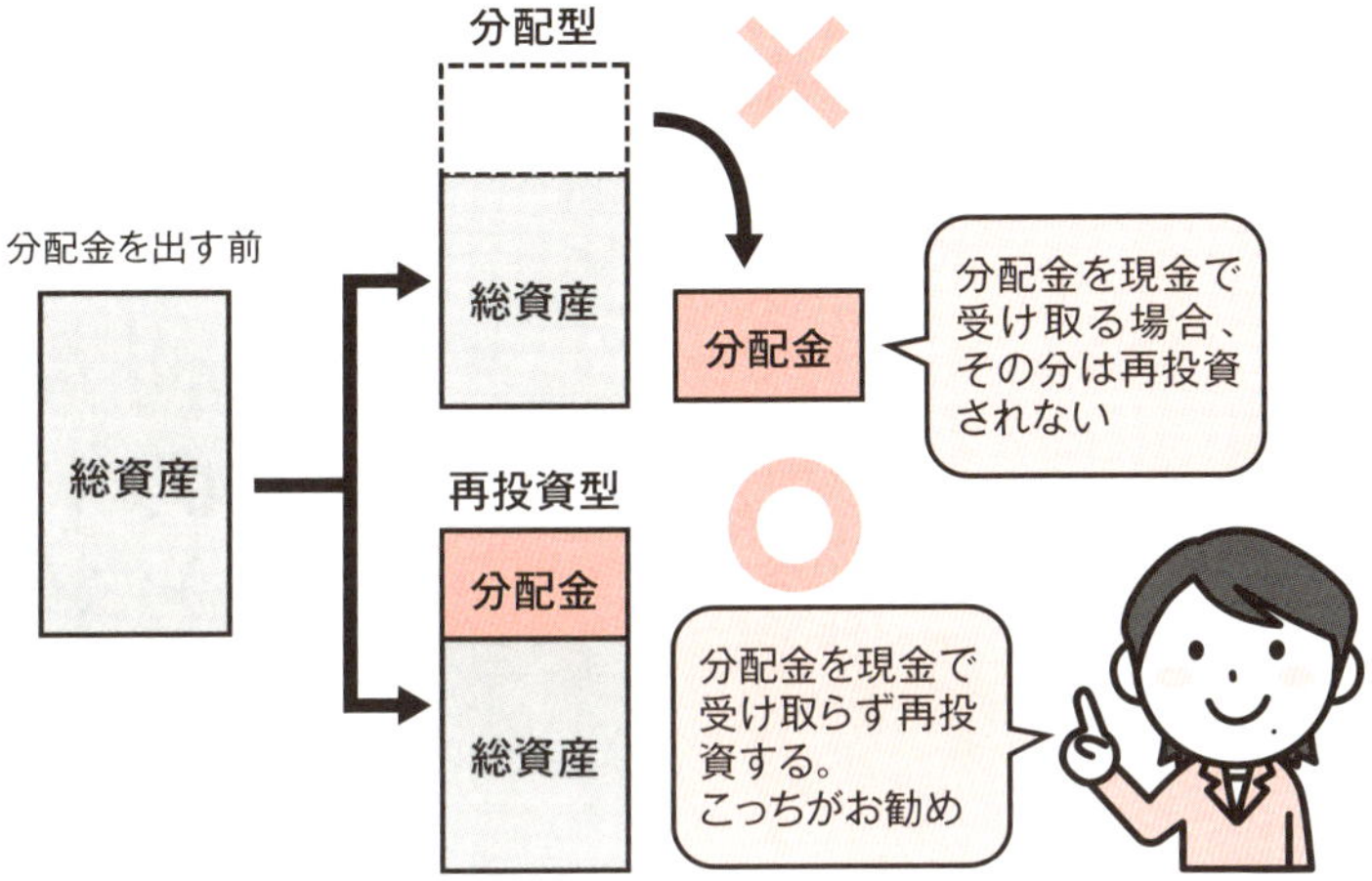

外国債券の投資信託というと、海外債券の利率の高さを生かして、毎月や3カ月ごとに分配金が払われる「分配型」のファンドは種類が多く、人気も高かった。でも、分配金が払われると、その分が再投資されず値上がりしにくくなる、場合によっては値下がりする。

老後資金を貯めるには分配型でないものを選ぶことが大切だ。

アメリカやヨーロッパの先進国より、新興国の債券の方が利回りは高いが、値下がりやデフォルトのリスクが大きい。

老後資金は手堅くいきたいので、グローバル型か北米型から選ぼう。

11 不動産に投資するREIT《リート》ファンドは、低金利のときに実力を発揮

昔からある株式や債券の投資信託に対し、ちょっと新しいのがREIT《リート》に投資するREITファンド。Real Estate Investment Trust、直訳すると不動産投資信託。**値動きは、株式や債券とちょっと違う**。違うから、**組み合わせるとリスク分散**になって、**ポートフォリオの質が上がる**。

しくみは株式に似ていて、株式のようにREIT市場で売買される。日本にはJ《ジェイ》－REIT市場がある。形は株式でも、実態は不動産（銘柄によって、オフィスビルや商業施設や住居などいろいろ）。金利が低くなると、債券や預金の利回りはゼロに近づきマイナスになるときもあるが、REITは、一定の利回りを確保できる（賃貸収入がある）ので魅力が相対的に高くなる。

J－REITに上場している銘柄の分配金利回りの推移を表したのが左ページの図。2007年から2017年までの10年間、長期金利がだいたい0～1％で動いているときに、

J-REITの分配金利回りと長期金利の推移

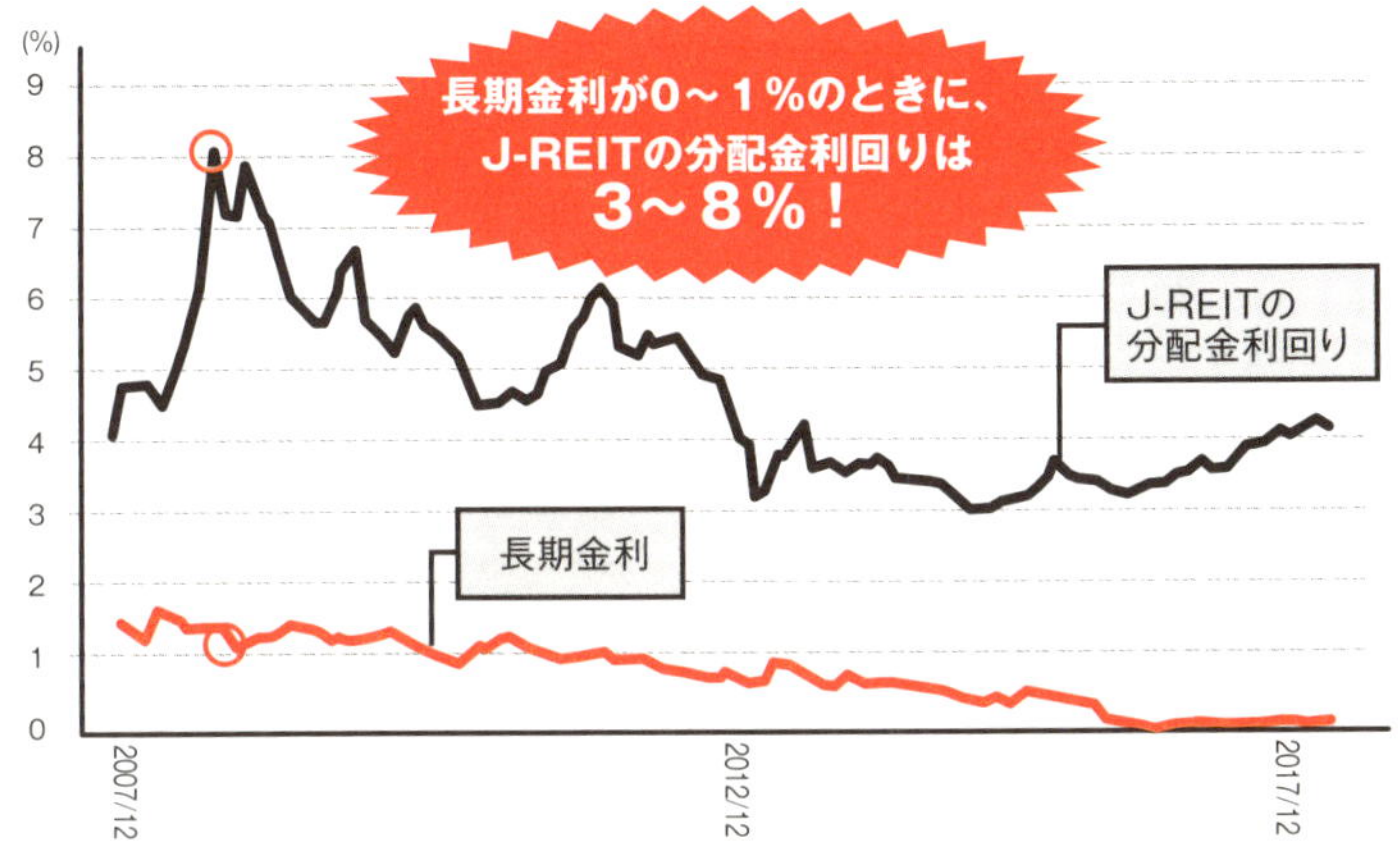

＊ 不動産証券化協会、日本相互証券、東京証券取引所。

J－REITは3～8％。これは複数のREITに投資するREITファンドにも反映される。

不動産投資に魅力を感じる人や投資上級者は、株式や債券の投資信託にこれを加えるといい。国内と海外と両方ある。

12

投資で大切なのは、損するリスクを小さくすること

ここまで、何度も「投資信託」を積立で買う、と強調しているのに気づいただろうか。

「積立」は、資産をつくる最強の投資法だ。

投資で大切なのは、儲けを最大にすることじゃなくて、**損をするリスクを小さくすること**だ。損を小さくするテクニックは、わけること、**分散**だ。
（1）**投資する分野**（地域、通貨、株式、債券、不動産）をわけること。
（2）ひとつの分野（たとえば日本の株式）の中でも、**銘柄をわける**こと。
（3）そして、**買う時期をわける**こと、だ。
買う時期をわけることで、いちばん高いときに買ってしまう（後は値下がりするばかり）というリスクを避けることができる。これは、初心者がよくやる失敗だ。

損を小さくするテクニックが分散投資

1 投資する地域を分散させること

2 特性の異なる商品、銘柄を組み合わせること

日本株　外国株　REIT　外国債券

3 買う時期を分散させること。積立が理想

手元に１０００万円あって、日本株のインデックスファンドを買いたいと思ったとき、一度に買ってはだめ。１００万円ずつ月１回、10回にわけるとか、50万円ずつ20回にわけて買うのが正解だ。

値段が動く投資商品を、毎月一定額買っていく投資法は、「ドルコスト平均法」と呼ばれ、**投資の王道**。高いときに少なく買い、安いときに多く買うことで、平均購入単価を安くして、安定した利益を狙える。

難しい理論は抜きにしても、必ず上の表のことを肝に銘じて、これからずっと実行してほしい。

13 つみたてNISAは、最長20年間儲けに税金がかからない！

iDeCoもそうだけど、NISAもネーミングがいまいちで、よくわからない感が残る。困ったもんだ。平たくいうと、**「投資の儲けに、税金をかけませんよ」という制度**。

投資をしたことがない人は、「え、投資の儲けには税金がかかるの？」とびっくりするかもしれない。はい、銀行預金の利息にも20％の税金がかかるけど、投資の儲けにも（種類はいろいろあるが）原則、20％の税金がかかることになっている。

銀行預金は金利がほぼゼロだから、20％の税金がかかってもなんともないけど、500万円投資して50万円儲かったときに、20％の税金10万円を引かれるか、引かれないかの差は大きい。しかも毎年のことだから。

つみたてNISAは2018年にスタート、2037年で終わる。次の条件を満たすと「最長20年間、儲けに税金がかからない」メリットを享受できる。老後資金づくりにもってこいだ。ただし、積立額は所得控除にはならない。

しくみと条件は、次の通り。

（1）銀行または証券会社に専用の口座を開く

（2）**年間の積立額は、年40万円まで**（最低額は月100円から。金融機関による）

（3）**利用できる投資信託は130本**（2018年1月現在）

利用できる投資信託は、主にインデックス型で、購入手数料がゼロで信託報酬も安い。投資信託で積立を始めたい**初心者には、商品が少ないのがかえって嬉しい**。銀行は3～10種類のところが多い。

iDeCoのように、いろいろと制約もないので、まずは、こちらで1年ほど積立をやってみて、それから「iDeCo」を本格的に始めてもいい。

もちろん両建てで iDeCo月2万3000円、つみたてNISA月3万円で始めてもいいけどね。**大切なのは始めること**です。

14 節税メリットが大きいｉＤｅＣｏと、つみたてＮＩＳＡをメインに！

というわけで、**ｉＤｅＣｏとつみたてＮＩＳＡの枠をめいっぱい利用すると、左ページのようなプランを立てることができる**。ｉＤｅＣｏが月２万３０００円、つみたてＮＩＳＡが月３万３０００円、合計月５万６０００円。

10年で積立元本は６７２万円。金利０％ならこの額だが、３％で運用できたら７８２万円、５％なら８６９万円になる。夫婦で同額やれば、この2倍に。

自営業者は、国民年金基金と小規模企業共済も利用できる。いずれも（ｉＤｅＣｏも含め）**所得控除になるので、つみたてＮＩＳＡよりこちらを優先しよう**。

私なら、運用益が期待できる（大きく増える可能性がある）**ｉＤｅＣｏの割合を高くする**。でも、**国民年金基金の「終身年金型」も魅力**なので、合計して上限の６万８０００円になるように。それに小規模企業共済もプラス。ここでは月３万２０００円としたが、余力があれば上限の７万円まで増やそう。積立額の合計は、月13万８０００円だ。

会社員と自営業の積立プラン例

● 会社員の積立プラン例

制度	資産	月額
iDeCo	日本株式	1万2000円
	グローバル株式	6000円
	外国債券	5000円
	合計	2万3000円
つみたてNISA	日本株式	1万2000円
	米国株式	8000円
	外国債券	8000円
	J-REIT	5000円
	合計	3万3000円
合計		5万6000円

10年後

0%運用なら 672万円

3%運用なら 782万円

5%運用なら 869万円

0%運用と比べたら、10年で197万円の差がつく

＊ 企業年金のない、上限額まで利用。

● 自営業の積立プラン例

制度	月額
iDeCo	4万円
国民年金基金	2万8000円
小規模企業共済	3万2000円
合計	10万円

この3つは所得控除になる。必ず使おう

ふたつの制度を合わせた上限額は6万8000円

余力があれば、上限の7万円に!

15

投資信託をどこで買うか？いち押しはネット証券、初心者は銀行！

投資の魅力も、必要性もわかった。組み合わせる、積み立てることの大切さもわかった。「さあ投資を始めよう」「投資信託を始めよう」、と決心した初心者が、まず悩むのがここ。「いったい、どこで投資信託を買ったらいいの？」

投資信託は、証券会社、銀行などで買える。投資信託会社の直販もある。

いち押しは、ネット証券だ。投資信託の種類も多く、手数料が安い。**つみたてNISAや、iDeCoができるところも多い**。

ただし、すべてを自分で調べて、自分で行動しなくてはいけないので、初心者にはややハードルが高いかもしれない。ネット証券に口座を持って取引している友人がいたら、話を聞いてみるといい。ネットの比較サイトなどを参考に、証券会社をひとつ選んだら、**コールセンターに電話**して、口座開設の手続き、投資信託積立の始め方を聞いてみるといい。

ネット証券はハードルが高い、と感じる人は、**口座を持っている銀行で始めよう**。

初心者は、銀行で投資信託を買ってみよう

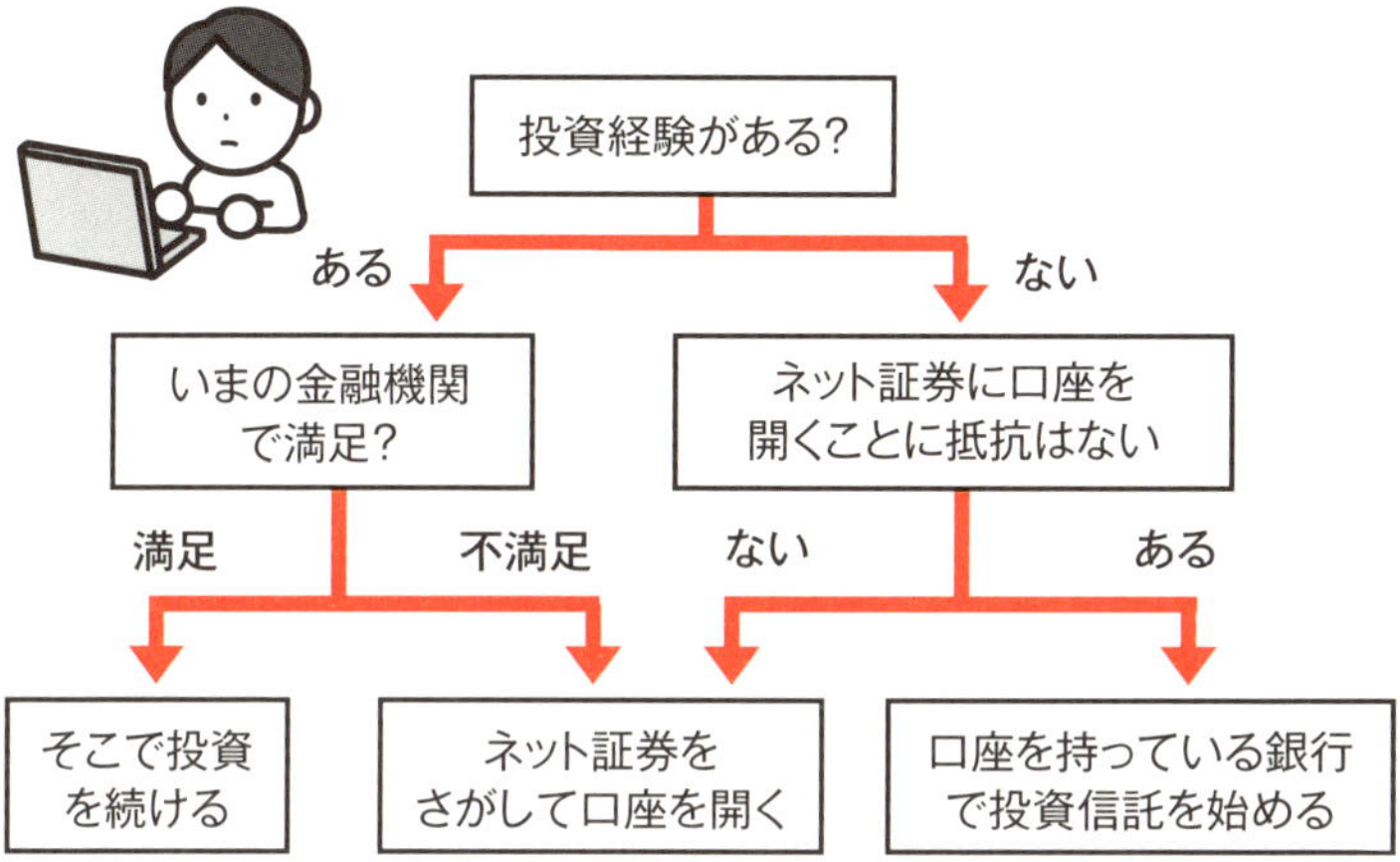

銀行の窓口に行き、「投資信託で積立をしたいので、手続きを教えてほしい」と伝える。カウンターで顔と顔を合わせて話を聞き、わからないことをその場で質問し、教えてもらえる安心感は大きい。

ただし、銀行は投資信託の種類が少なく、手数料が高い傾向がある。まずは銀行で始めて、いろいろ勝手がわかってきたら、ネット証券に乗り換える手もある。

16 退職後も投資を続けよう

50代で始めた**投資は**、65歳で年金をもらい始めても、75歳から生活費のために貯金を崩し始めても、**ずーっと死ぬまで続けたい**。

投資をする、しないの差が広がっていくのが65歳、75歳以降であることは、85ページのグラフで、よくおわかりになったはずだ。何も難しいことはない、**投資信託で積み立て、そのままキープすればいい**。

引き出すときは、一度に解約せず毎月一定額を売却するのがいい。積立の逆をやる。投資信託の定期・定額解約サービスが、すでに一部の証券会社で始まっている。これは便利！

退職すると自由時間が増える。投資が好きな人は、いろいろな新しい投資に挑戦したり、ポートフォリオを組み直してみるのもおもしろい。ただし、退職後はリスクをとりすぎないことが大切。**借金をしての投資（信用取引、商品取引、ＦＸ取引など）をしない**こと、投資型の商品の割合を50％以上にしないことを心がけよう。

退職後も投資を続けると、こんなメリットがある！

退職後の生活に
ゆとりが出る

趣味を思う存分
楽しめる

新しい投資商品、
投資サービスの
情報にも敏感になる

パソコンやスマホ
の操作もらくらく

現役の人の話題にも
ついていける

ずっと若々しく、
認知症にもなりにくい

コラム

50代が手を出してはいけない投資

50代が決して手を出してはいけない投資がある。

リスクの大きすぎる投資、リスクとリターンが見合わない投資だ。

つまり、借金をしての投資と、手数料が高すぎる投資だ。

借金をしての投資の代表は株式の信用取引、先物商品取引、FX（外国為替証拠金取引）。いずれも証券会社、商品先物取引会社に「証拠金」を預け、その何倍かの株式や商品、通貨を取引するしくみ。たとえば証拠金10万円でその10倍、100万円分の株式を買い、その銘柄が20％値上がりすれば、20万円の利益。10万円が3倍に増えることに。一方、20％値下がりすれば20万円の損。10万円分の追加証拠金を支払うことになる。投資金額10万円に対して20万円の損。つまり投資金額を上回る損をするリスクがある。ローンを借りての不動産投資も慎重に。

最近話題のビットコインなどの仮想通貨は、ハイリスクだ。市場がまだ整備されないいまは、宝くじと同じように、ゼロになってもいいお金で買うのがいいだろう。一度に買わず積立で。

投資で何回か成功すると、自信がふくらみ、欲が出て、借金での投資に手を出してしまい、結果、大損する人が多い。自分がとれるリスクの範囲で投資するのが賢明な大人の投資家だ。

おわりに

ハッピーな老後のために、貯めて増やして、上手に使おう

本書は、お金を貯めるための本だが、貯めるのは使うため。現役の間は、貯めながらもお金は日々使う。というわけで、使うこともちょっと考えてみよう。

果たして、お金で幸せは買えるか？

お金のアドバイスを商売とするＦＰとしては「イエス！」と答えたいところだが、人格を疑われかねないから「そうねえ、たぶん買えるものと、買えないものが……」と、濁してしまう。ところが、

「もちろん、買えるよ。こうすればね」

と研究成果を発表した人たちがいる。ハーバード大学ビジネススクールのマーケティング専門家のマイケル・ノートン氏と、カナダのブリティッシュコロンビア大学の心理学者エリザベス・ダン氏だ。

私はノートン氏のＴＥＤ*セミナーで知った。若くていい男だ。アメリカ在住の娘が、「ママ、ファイナンシャルプランナーなら、これは見といた方がいいよ」と教えてくれたのだ。

彼らがカナダとエチオピアでやった実験はこう。

大学のキャンパスや通りを歩いている人たちに、ランダムに１０００円、２０００円程度の現金入りの封筒を「これを好きに使っていいよ」と渡す。ただし何に使ったかと、どんな気持ちになったかを、その日の夜に報告してもらう。

ひとつだけ条件がつく。

Ａグループは、お金を自分のために使うこと。

Ｂグループは、お金を自分以外の人のために、使うこと。

学生の多くはスターバックスに直行し、自分のため、友人のためにコーヒーを買った。

Ａグループは美味しいものを食べたり、以前から欲しかったバッグなどを買った。Ｂグループは友人をレストランに誘ったり、家族にプレゼントをした。エチオピアでは、隣の家の子が病院にかかる費用を払ってやった人もいた。

* TED（Technology Entertainment Design）は、世界中の著名人による講演会を開催し、配信している非営利団体。講演はYouTubeなどで視聴できる。

お金を使った後の幸福度を調べると、地域や金額にかかわらず、人のためにお金を使った人の方が、自分のために使った人よりも、幸せを強く感じていた。

もらった500円で、自分のためのコーヒーを買った人より、友達にコーヒーをご馳走した人の方が幸せを感じ、もらった2000円でレストランで食事するより、家族にプレゼントを買った人の方が嬉しかった。隣人の医療費を払った例のように、人の人生を変えた人もいる。

ここでつい「受けるより、与える方が幸せです」という言葉を思い出す。真理だなあ。

私はFPとして、満足度を最高にするお金の使い方として、次のことを提唱してきた。本書でも何度か紹介しているので、50代のいまも、これからもずっと実行してほしい。

（1）モノよりコトに使う。人から見えるモノじゃなく、自分の中に残るコトを

（2）家事の外部サービスなどを上手に利用して、時間やゆとりを買う

（3）ローンやクレジットカードを使わない。ほしいモノやサービスはお金を貯めてから

（4）（自分と利害関係のない）人のために、お金やエネルギーを使う

（4）は日本人がちょっと弱い分野だ。寄付に対する優遇税制が少ないのも一因で、自分と家族以外のためにお金や時間を使う機会が少ない。たとえば、アメリカでキャッシュフロー作成のための支出記入欄には、必ず「献金」「寄付」がある。家計簿アプリにも最初に出てくる。

でも地震や台風などの自然災害が立て続けに起こって、日本でも寄付やボランティアが広がり根付いてきた。すばらしい。幸せなお金の使い方を、多くの人が身をもって体験している。

困っている人、傷ついている人、淋しい人のために、日頃からお金や時間を使っている人は、将来、万一自分が困ることになっても、（いま、自分がしているように）誰かが自分を助けてくれる、と無意識のうちにも、心の中に安心感がある。

自分のためにだけお金を使っている人は、将来、万一自分が困ったときに、（いま、自分がその人たちに無関心で何もしていないように）誰からも何もしてもらえない、と潜在的な恐怖を持っている。これを解決するのが、人のためにお金を使う、というアクションだ。意外にシンプルで簡単でしょ。

先のふたりの共著『「幸せをお金で買う」5つの授業』（KADOKAWA／中経出版）

によると、次の5つが幸せを買う方法だという。

（1）経験を買う

（2）ご褒美にする

（3）時間を買う

（4）先に支払って後で消費する

（5）他人に投資する

ご褒美以外は、私の提案とぴったり一致している。世界共通だ。

お金とは死ぬまで、これから40年も50年も付き合い続けていく。できるだけ長く、快適に働いて、稼ぎ続けよう。

気になっている問題から逃げないで、しっかり向き合おう。

自分と家族だけでなく、人のためにお金を使って、日々幸福な気持ちを味わおう。

モノよりコトにお金を使って、日々成長し、心豊かに暮らそう。

物欲やポイントに誘われて、クレジットカードは使わないこと。

体と心の健康のためにも、お金は上手に使おう。

大切な財産を守るため、世界と関わり続けるため、投資は死ぬまで続けるべし。

お金と健康を失っても、そばにいてくれる友人や家族との関係を大切にしよう。

複雑さを増すお金の世界を生き抜くため、かかりつけ医となるＦＰを見つけよう。


そして、最後にもう一度申し上げたいのは、
お金の問題は必ず解決できる、ということ。

絶対に自暴自棄になったり、自殺したりしないこと。

そう、いまは大丈夫でも、人生はまだまだ長い。何があるかわからない。わからないからおもしろい。わくわく、どきどき。

人生やっぱり、楽しんだもん勝ちである。

さあ、楽しもう！

ファイナンシャルプランナー　中村芳子

［著者］

中村芳子（なかむら・よしこ）

ファイナンシャル・プランナー。（有）アルファアンドアソシエイツ代表。

長崎市生まれ。早稲田大学商学部卒。大手電機メーカーに就職するが、翌年社員5人のファイナンシャル・プランニング会社に転職。日本の女性FP第1号となる。1991年に退社し、友人と現在の会社を設立。むずかしいお金の話を、わかりやすく解説することに定評がある。

ふつうの人のためのマネー相談（FPコンサルティング）、マネー記事の執筆、講演、企業の金融プロジェクトのアドバイスなどを行っている。マネックス証券創業時期のアドバイザー、みずほ銀行のカップル向けウェブサイト『おうちのおかね』の監修などもつとめた。

2004年発行の『20代のいま、やっておくべきお金のこと』は、「お金の基本的な性質」「お金との本質的なつきあい方」をまとめた一冊で、12万部突破のベストセラーとなり海外でも翻訳出版された（2014年にアップデートした新版を発行）。

本書は、20代よりもっと真剣にお金に向き合う必要のある50代向けに、お金との付き合い方の基本を説いた本である。老後を視野に入れつつ、20代向けと同様「わかりやすい」「すぐ実行できる」を心がけた。

著書は『【新版】20代のいま、やっておくべきお金のこと』『結婚したら、やっておくべきお金のこと』（ダイヤモンド社）『女性が28歳までに知っておきたいお金の貯め方』（三笠書房）『図解　生命保険のカラクリがわかる本』（東洋経済新報社）、共著に『はじめての保険・年金』（日本経済新聞社）など多数。

https://al-pha.com

50代のいま、やっておくべきお金のこと［新版］

2018年5月16日　第1刷発行

著　者――――中村芳子
発行所――――ダイヤモンド社
〒150-8409　東京都渋谷区神宮前6-12-17
http://www.diamond.co.jp/
電話／03･5778･7227（編集）　03･5778･7240（販売）
装丁――――――轡田昭彦
本文デザイン、DTP――ISSHIKI
製作進行――――ダイヤモンド・グラフィック社
印刷――――――ベクトル印刷
製本――――――ブックアート
編集協力――――落合めぐみ
編集担当――――土江英明

ISBN 978-4-478-10270-1